조선
선비들의 로망,
관동유람

조선
선비들의 로망,
관동유람

초판 1쇄 인쇄 2023년 11월 13일
초판 1쇄 발행 2023년 11월 20일

—

기   획 한국국학진흥원
지은이 이상균
펴낸이 이방원

책임편집 박은창   **책임디자인** 박혜옥
마케팅 최성수·김 준   **경영지원** 이병은

—

펴낸곳 세창출판사

　　　신고번호 제1990-000013호   **주소** 03736 서울특별시 서대문구 경기대로 58 경기빌딩 602호
　　　전화 02-723-8660   **팩스** 02-720-4579   **이메일** edit@sechangpub.co.kr   **홈페이지** http://www.sechangpub.co.kr
　　　블로그 blog.naver.com/scpc1992   **페이스북** fb.me/Sechangofficial   **인스타그램** @sechang_official

—

ISBN   979-11-6684-276-4   94910
　　　979-11-6684-259-7   (세트)

© 한국국학진흥원 연구사업팀, 문화체육관광부

한국국학진흥원 전통생활사총서 17

조선
선비들의 로망,
관동유람

이상균 지음
한국국학진흥원 기획

세창출판사

한국국학진흥원에서는 2022년부터 문화체육관광부의 지원으로 전통생활사총서 사업을 기획하였다. 매년 생활사 전문 연구진 20명을 섭외하여 총서를 간행하기로 했다. 올해 나온 20권의 본 총서가 그 성과이다. 우리 전통시대의 생활문화를 대중에널리 알리고 공유하기 위한 여정이 시작된 것이다.

한국국학진흥원은 국내에서 가장 많은 민간기록물을 소장하고 있는 기관으로, 그 수는 총 62만 점에 이른다. 대표적인 민간기록물로 일기와 고문서가 있다. 일기는 당시 사람들의 일상을 세밀하게 이해할 수 있는 생활사의 핵심 자료이다. 고문서는당시 사람들의 경제 활동이나 공동체 운영 등 사회경제상을 이해할 수 있는 자료이다.

한국의 역사는 『조선왕조실록』이나 『승정원일기』와 같이 세계적으로 자랑할 만한 국가기록물의 존재로 인해 중앙을 중심으로 이해되어 왔다. 반면 민간의 일상생활에 대한 이해나 연구는 관심을 덜 받았다. 다행히 한국국학진흥원은 일찍부터 민간에 소장되어 소실 위기에 처한 자료들을 수집하고 보존처리를 통해 관리해 왔다. 또한 이들 자료를 번역하고 연구하여 대중에 공개했다. 그리고 이러한 민간기록물을 활용하고 일반에 기여할 수 있는 방법으로 '전통시대 생활상'을 대중서로 집필하는 방식을 통해 생생하게 재현하여 전달하고자 했다. 일반인이 쉽게 읽을 수 있는 교양학술총서를 간행한 이유이다.

총서 간행을 위해 일찍부터 생활사의 세부 주제를 발굴하는 전문가 자문회의를 개최하고, 전통시대 한국의 생활문화를 가장 잘 구현할 수 있는 핵심 키워드를 선정하였다. 전통생활사 분류는 인간의 생활을 규정하는 기본 분류인 정치·경제·사회·문화로 지정하였다. 이를 기반으로 매년 각 분야에서 핵심적인 키워드를 선정하여 집필 주제를 정했다. 금번 총서의 키워드는 정치는 '관직생활', 경제는 '농업과 가계경영', 사회는 '가족과 공동체 생활', 문화는 '유람과 여행'이다.

분야마다 5명의 집필진을 해당 어젠다의 전공자로 구성하였다. 서술은 최대한 이야기체 형식으로 다양한 사례를 풍부하게 녹여 달라고 요청하였다. 특히 어디서나 간단히 들고 다니며 읽을 수 있도록 쉽게 서술해 줄 것을 부탁하였다. 그러면서도 본 총서는 전문연구자가 집필했기에 전문성 역시 담보할 수 있다.

물론 전문적인 서술로 대중을 만족시키기는 매우 어렵다. 그래서 원고 의뢰 이후 5월과 8월에는 각 분야의 전공자를 토론자로 초청하여 2차례의 포럼을 진행하였다. 11월에는 완성된 초고를 바탕으로 1박 2일에 걸친 대규모 학술대회를 개최하였다. 포럼과 학술대회를 바탕으로 원고의 방향과 내용을 점검하는 시간을 가졌다. 원고 수합 이후에는 책마다 전문가 3인의 심사의견을 받았다. 2023년에는 출판사를 선정하여 수차례의 교정과 교열을 진행했다. 책이 나오기까지 꼬박 2년의 기간이었다. 짧다면 짧은 기간이다. 그러나 2년의 응축된 시간 동안 꾸준히 검토 과정을 거쳤고, 토론과 교정을 진행하며 원고의 완성도를 높이기 위해 분주히 노력했다.

전통생활사총서는 국내에서 간행하는 생활사총서로는 가장 방대한 규모이다. 국내에서 전통생활사를 연구하는 학자 대부분을 포함하였다. 2022년도 한 해의 관계자만 연인원 132명에 달하는 명실공히 국내 최대 규모의 생활사 프로젝트이다.

1990년대 이후 폭발적으로 증가했던 일상생활사와 미시사 연구는 근래에는 학계의 관심이 소홀해진 상황이다. 본 총서의 발간이 생활사 연구에 다시 활력을 불어넣는 계기가 되기를 기대한다. 연구의 활성화는 연구자의 양적 증가로 이어지고, 연구의 질적 향상 또한 이끌 것이다. 그렇게 된다면 전통문화에 대한 대중들의 관심 역시 증가할 것으로 기대된다.

본 총서는 한국국학진흥원의 연구 역량을 집적하고 이를 대중에게 소개하기 위해 기획된 대표적인 사업의 하나이다. 참여한 연구자의 대다수가 전통시대 전공자이며, 앞으로 수년간 지속적인 간행을 준비하고 있다. 올해에도 20명의 새로운 집필자가 각 어젠다를 중심으로 집필에 들어갔고, 내년에 또 20권의 책이 간행될 예정이다. 앞으로 계획된 총서만 80권에 달하며, 여건이 허락되는 한 지속할 예정이다.

대규모 생활사총서 사업을 지원해 준 문화체육관광부에 감사하며, 본 기획이 가능하게 된 것은 한국국학진흥원에 자료를 기탁해 준 분들 덕분이다. 이 자리를 빌려 그분들께 다시 한번 감사드린다. 아울러 총서 간행에 참여한 집필자, 토론자, 자문위원 등 연구자분들께도 감사 인사를 전한다. 책의 편집을 책임진 세창출판사에도 감사드린다. 이 모든 과정은 한국국학진흥원 여러 구성원의 노력이 있었기에 가능했다.

2023년 11월
한국국학진흥원 연구사업팀

차례

1

장쾌하고 호방한
일 좀 없을까?

유람이 제일이라 하는데_전통傳統

조선 선비들의 취미는 다양했다. 유흥으로 소일하는 파락호破落戶도 있었지만, 대체로 책과 그림을 수집하여 독서와 감상을 하거나, 시를 짓거나, 그림을 그리거나, 다도茶道를 즐기거나, 매화를 가꾸는 원예園藝 등의 고상한 취미를 즐겼다. 이 중 야외에 나가 즐기는 대표적인 여가 활동이 아회雅會와 유람이었다.

아회는 선비들이 경치 좋은 곳에 모여, 이를 구경하고 문학 작품으로 남기고자 하는 문화였다. 당시 선비들은 중국 명明나라 문풍文風의 영향을 받아 "마음에 산수를 간직하고 있다면 도시에 있어도 그곳에 있는 것과 다를 바 없다"는 성시산림城市山林

그림 1 이인문, 〈누각아집도〉, 조선 후기, 국립중앙박물관

을 구현하고, 산수를 유람하며, 이를 글이나 그림 등의 작품으로 남기는 취미가 있었다. 아회는 산수에 살거나 이를 유람하고자 하는 선비들의 염원이 일상 문화로 자리하면서 나타난, 모임문화의 한 형태였다. 시간적 여유가 있거나 금전적 여력이 된다면, 아회보다는 더 호방한 즐거움을 누릴 수 있는 유람에 나섰다.

그럼 유람은 구체적으로 어떤 행위를 말하는 것인가? 유람은 '돌아다니며 구경한다'는 사전적 의미가 있다. 조선시대의 유람은 오늘날 여행의 의미와 같을 것이다. 일상의 번다함에서 벗어나 마음속 번민을 털고자 산천의 경치를 두루 보고 즐기며, 선진 문물을 배우는 것이다. 유람은 심신을 수양하는 여가 문화였다.

유람 문화가 명확히 어느 시기에, 어느 장소를 중심으로 형성되었고 발달해 왔는지는 알 수 없다. 사람들은 예나 지금이나 여력이 생기면, 잠시라도 자신이 거주하는 공간이나 일상에서 벗어나 심신을 쉬이고자 하는 기대를 품는다. 어디론가 길을 나서 새로운 경물을 보고 즐기고자 하는 욕구가 있다. 즉 유람 문화는 자연을 유람의 대상으로 삼아 그 속에서 흥취를 즐기고자 하는 내면적 의식의 발현을 통해 발달해 왔다고 보아야 할 것이다.

사람들은 고대부터 자연을 신성시해 왔다. 자연은 인간 생명의 근원이며 삶의 토대라는 점에서도 항상 관심의 대상이었다. 특히 우리나라 자연의 대부분을 차지하고 있는 산에 대한 사람들의 인식은 각별했다. 더러는 천신天神이 강림하는 곳인 신산神山으로 여겼고, 이러한 명산들은 국가 주도로 산천제山川祭를 지내기도 했다. 국가에서는 산을 영역화하고 상징성을 부여했다. 불가佛家에서는 사찰의 입지로 여겨 신성시하였고, 풍수적으로는 길지吉地를 선택하는 중요한 기준이 되었다. 민간에서는 삶의 터전이자 신앙의 대상이었다.

특히 조선 선비에게 산수는 각별한 의미가 있는 곳이었다. 선비들은 산수를 도덕 수양의 장소이자 삶의 이치를 터득하는 곳으로 인식하였다. 개개인이 산수를 탐방하며 즐기고자 했고, 그곳에 내재된 의미를 섭렵하고자 하였다. 즉, 산수를 단지 자연물로만 보지 않고, 탐구하고 활용하고자 하였다. 산수를 영역화하고 의미화하는 주체는 국가나 특정 종교에서 벗어나 개인으로 확대되어 갔다. 산에 대한 사람들의 관심이 고조되고, 이는 자연을 유람하는 문화가 본격적으로 유행하는 요인으로 작용한다.

선비들은 문예 취향을 즐기는 데 가장 적합한 장소로 산수를 선호하였다. 많은 선비가 산수를 소재로 글을 썼다. 산수를 문예 작품의 소재로 삼기 위해 직접 산수를 유람했다. 선비들은 산수미山水美 발견에 지대한 관심을 가졌다. 산수를 대상으로 삼아 유람에서 본 경치나 느낀 감흥을 집중적으로 묘사한 시문(詠物詩)을 창작하는 등 적극적으로 산수에 대한 문예적 표현을 시도했다. 이처럼 유람을 통한 문예 양상을 통칭 '기유문예(紀遊文藝)'라 하는데, 이는 산수 유람의 유행에서 기인한 문예 창작 현상이다.

다른 시기도 그러했겠지만, 특히 조선시대에는 당면한 정치적 현실로 인해 강호(江湖)로 물러나 산수를 애호(愛好)하며, 그 속에 은둔하여 속박됨 없이 마음 내키는 대로 삶을 즐기는 선비가 많았다. 관직에 나아간 선비 중에는 사화(士禍)·당쟁(黨爭)을 겪은 후 벼슬에서 물러나 강호로 돌아가거나, 아예 처음부터 벼슬에 뜻을 두지 않고 은거하는 이가 많았다. 이들은 현실을 개탄하고, 술을 마시며 거리낌 없이 노는 음주방일(飮酒放逸)을 소일로 삼거나 평생토록 독서하며 저술하는 것을 낙으로 삼기도 했다. 그리고 자연을 벗하며 세속에서 벗어나 일생토록 바라던 유람을 적극적으로 행하기도 한다. 관직에 나아가 자칫 사화와 당쟁에 휩쓸려 일신과 가문을 위기로 몰고 가기보다는 자연에 귀의하여 유유자적한 생활을 하면서 안전한 삶의 방식을 추구하고자 했다.

산수를 유람하며 안분(安分)을 추구하고자 했던 것은 현직 관료들도 마찬가지였다. 조선의 선비 대다수는 학문의 이치를 궁구하고, 이를 바탕으로 관료로 나아가는 것을 삶의 본분이자 이상으로 여겼다. 관료가 된다는 것은 자신이 궁구한 학문적 이상을 천하를 다스리는 데 적용하는 경세가經世家의 길을 걷는 것이었다. 그러나 학문적 이상과 정치라는 현실은 항시 상치되는 부분이 있었다. 그래서 율곡栗谷 이이李珥(1536-1584)는 나라에 도道가 있을 때는 관료로 나아가 정치적 이상을 실현하는 '겸선천하兼善天下'를 이행하고, 도가 없을 때는 은거하여 자신을 수양하는 '독선기신獨善其身'을 하는 것이 신하의 도리라 하였다.

조선의 관료로 생활한다는 것은 쉬운 일이 아니었다. 평시에는 묘시卯時(오전 5-7시) 출근, 유시酉時(오후 5-7시) 퇴근이었다. 해가 짧은 동절기에는 진시辰時(오전 7-9시)에 출근하여 신시申時(오후 3-5시)에 퇴근했다. 하루 동안 길게는 12시간, 짧게는 8시간 일 했다. 이러한 출퇴근 규정을 '묘유법卯酉法'이라고 했는데, 묘유법을 어기고 무단으로 지각·조퇴한 관료는 태형笞刑 50대에 처하였다. 관료들은 공무 외에도 글쓰기에 골몰했고, 술도 자주 마셔야 했다. 무려 45년 동안 관료로 지냈던 사가정四佳亭 서거정徐居正(1420-1488)은 지나친 공무로 인해 말년에 당뇨와 고질적인 두통에 시달렸다. 격무激務와 과음, 글쓰기 등에 대한 스트레스로 인하여 병을 얻기도 했다.

조선 후기의 관인 무명자無名子 윤기尹愭(1741-1826)는 57세 때인 1797년, 12일 동안 의금부에 수감되었다가 직첩 2등급을 박탈당하고 풀려났다. 충청남도 남포현감藍浦縣監 재직 중 국왕 정조가 서원난립 금지령을 반포하였음에도 불구하고, 고을 유생들이 주자영당朱子影堂과 백이정白頤正의 사당을 건립했기 때문이었다. 이 일로 현감이었던 윤기는 파직되어, 의금부에 하옥되었다. 풀려난 직후 하는 일 없이 유유자적 지내며, 녹봉이 없어 부양할 가족을 걱정하면서도 현감 재직 중 상관을 맞이하던 일, 백성들을 매질하던 일, 세금을 독촉하던 일, 장부를 정리하던 일 등을 회상하면서 오히려 무거운 짐을 벗고 속세를 벗어난 것 이상의 홀가분함을 느끼고 있다. 윤기의 예를 든 것이 단편적이긴 하나 대체로 관인들의 생활은 이처럼 팍팍한 공무와 스트레스의 연속이었다.

관료 생활은 바쁜 일상의 연속이었다. 자신이 추구했던 학문적 이상과 관인이라는 현실에 대한 괴리감에 더하여 번다한 일에 시달릴 때면 공무에서 벗어나 탈속의 자유를 느끼고자 하는 열망을 품었다. 격무에 대한 스트레스에서 벗어나기 위해 가장 많이 택한 공간은 산수였고, 그곳을 유람하며 스트레스를 해소했다. 그러나 재직 중에 여러 날이 소요되는 원거리 유람을 떠나는 것은 거의 불가능했다. 가까운 산수를 찾아 잠시나마 유람하는 것이 고작이었다.

조선시대에는 국내의 산수를 유람하는 것에도 큰 비용과 시간이 소요되었다. 교통이 발달한 현재처럼 1-2일의 여정이 아니라, 길게는 몇 달이 소요되는 여정이었으므로 서민들은 쉽게 결행하지 못하였다. 예를 들자면 유람에서 가장 필요한 준비물은 나귀였다. 말은 빠르다는 장점이 있으나, 가격이 비싼 데다가 먹이도 많이 먹고 지구력도 부족했다. 그에 비해 나귀는 먹는 양도 적고 지구력도 강해, 여유를 즐기기 위한 유람에 적격이었다. 연암燕巖 박지원朴趾源(1737-1805)은 1765년 지인知人인 즉

지헌則止軒 유언호兪彦鎬(1730-1796) 등과 함께 금강산을 유람하고자 했으나 나귀 살 돈이 없어 주저했다. 박지원의 사정을 안 김이중金履中(1736-1895)이 나귀 살 돈 100냥을 보태 주어 박지원은 유람을 떠나게 된다. 이는 단편적인 예에 불과할지 모르지만, 대체로 유람에 많은 비용과 시간이 소요되었다는 사실을 잘 보여 주는 사례이다. 조선의 선비들이 주로 유람하는 곳은 금강산·지리산·청량산 등과 같은 명산이었는데, 산세가 매우 험준하여 산중 유람의 경우 때로는 일부 위험을 감수해야만 했다.

조선시대의 산수 유람은 장기간 이동하며 숙식을 해결할 수 있는 경제적 능력과 시간적 여유가 있는 사람들만의 상류층 문화였다. 고령으로 거동이 불편한 사람은 재력이 있어도 이동이 매우 힘들어 집안 노비 등의 많은 수행원을 동반하여야만 가능했다. 그러므로 산수를 유람하는 다수의 주체는 선비들이었고, 유람은 선비들이 누릴 수 있는 대표적인 여가 문화였다. 당시 선비들 사이에서는 금강산·지리산 등 일생에 한 번 이상 명산 유람을 다녀오지 않으면 문화 흐름의 대세에 무지몽매한 사람으로 취급받을 정도였다.

관료들부터 무명의 선비에 이르기까지 유람을 갈망했고, 유람을 통해 보고 즐기고자 했던 산수를 늘 그리워하며 생각에서 지우지 못하였다. 어떤 사람들은 고질병 환자처럼 산수에 대한 강한 애착심으로 인해 산수벽山水癖을 관념처럼 지니고 살았다. 잠시라도 기회가 생기면 산수를 유람하고, 그 여흥을 잊지 못해 다시 유람하고픈 갈망에 시달릴 정도였다. 산수에 취해 평생 유람을 다니는 사람도 있었는데, 이런 사람들은 유람을 다녀온 뒤에도 감흥을 잊지 못하고 그리워하였다. 서계西溪 박세당朴世堂(1629-1703)은 부귀에 빠져 한 번도 산수를 돌아보지 않는 사람이 많음을 탄식했다. 그는 부귀를 떠나 선비들이 생애에 한 번쯤 꼭 해 봐야 하는 것이 유람이라 강변했다. 유람 문화는 조선 선비들을 중심으로 확산되었고, 조선에서 열풍을 일으킨 문화 현상으로 주목된다.

조선 선비들에게 산수는 삶의 지향으로 표현하는 '강호'였고, 유람은 그들이 가장 선호하는 풍류이자 여가였다. 경제·시간적 여유가 없거나, 노쇠하여 거동이 불편한 이들은 마당에 산수의 축소판인 가산假山을 조성하거나, 산수 유람을 기록한 산수유기山水遊記와 그림을 통해 와유臥遊(누워서 유람)를 즐겼다. 뿐만 아니라 가상의 유람을 떠나는 놀이 또한 즐겼다. 경승지를 여행하며 시문을 작성하는 보드게임의 일종인 「승람도勝覽圖」 놀이가 유행하였다. 「승람도」는 명승지를 유람하는 도표라는 뜻이다. 이 놀이는 유람객이 일정한 지점에서 출발하여 도표 위에 그려진 명승지를 구경한 다음, 다시 출발한 장소로 빨리 되

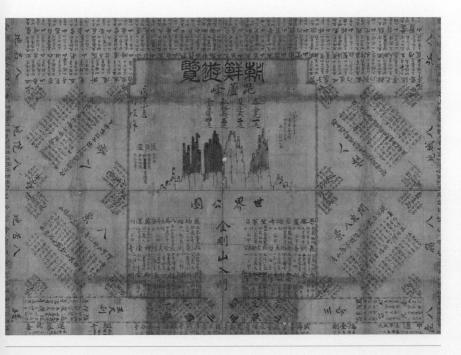

《승람도》, 조선 후기, 국립민속박물관

돌아오기를 겨루는 놀이이다. 이것이 일상 문화가 될 정도로 선
비들의 유람 욕구는 대단했다. 선비들 사이에서 가장 장쾌하고
호탕한 일을 꼽으라면, 유람이 단연 제일이었다.

유람에도 체면이 있어야_명분名分

여행이나 유람에 대한 문화가 상당히 보편화된 현대에도 일부 사람은 '돈 많은 사람들이나 즐기는 유희' 정도로 생각한다. 이는 어쩌면 유람이란 현실의 삶과 유리된 것이라는 인식 때문일지도 모른다. 조선시대에도 이와 유사한 시각이 존재했다. 유람이란 자칫 돈 많고, 일 벌이기 좋아하는 호사가好事家들이나 하는 행위로 보일 수 있었다. 그도 그럴 것이 일부 유흥만을 위한 유람으로 물의를 빚는 경우가 있었기 때문이다.

1441년(세종 23) 성균관 유생 26명이 유희를 목적으로 도성의 삼각산三角山 덕방암德方庵에 유람을 갔다가 승려들과 싸움 붙는 일이 벌어졌다. 이때 암자의 승려가 형조刑曹에 고소하여 사실이 발각되자 유생들은 모두 도망가 버렸다. 유생 중에는 공신의 후손들도 포함되어 있었는데, 모두 의금부에 하옥되었다. 어떤 이는 유람 중에 기생들을 데려와 술판과 춤판을 벌였다. 비록 이것이 당시 유람의 전형적인 모습으로 인식되어 유람이 유흥을 동반한다는 사실 자체가 문제로 여겨지지는 않았을지 몰라도 고된 노동을 하는 백성들에게는 유람 중 요란하고 과도하게 벌이는 유흥을 좋게 볼 리는 없었다. 명재明齋 윤증尹拯(1629-1714)은 1699년 8월, 아들 행교行敎가 유람을 간다고 소식을 전하자 특히 농민들의 가을일이 한창 바쁠 때이므로 부득이한 경우가 아니면 가지 말라고 당부했다. 그러나 행교가 관찰사의 유람에 참석하기 때문이라고 하자 윤증은 산중에서의 놀이는 요란하지 않게, 간략하고 담박하게 할 것, 말과 종자는 간편하게 하고 잡놈들과 섞이지 말 것 등을 아들에게 당부했다. 선비들이 잡놈들과 뒤섞여 요란하게 유흥을 벌이거나 말썽을 일으키는 일이 더러 있었기 때문이다.

그럼에도 유람은 선비들 사이에서 크게 유행했던 문화 행위였다. 유람 중 과도한 유흥으로 물의를 빚는 경우도 일부 있었지만, 대다수는 뚜렷한 명분과 목적의식을 가지고 유람을 결행했다. 그 목적의식이란 산수를 유람하고자 했던 그들만의 관념으로부터 비롯된 것이었다. 이를 '산수유관山水遊觀'이라고 한다. 선비들이 유람을 가장 선호했던 것, 그리고 유람이 꾸준히 성행할 수 있었던 것도 그 타당한 명분과 목적이 있었기 때문이다. 조선 선비 대다수는 유학자였다. 이들의 산수유관도 대부분 유가적 사상에 기반을 두고 있다. 선비들은 공자孔子와 주자朱子의 학문적 사상뿐만 아니라 그들이 살았던 삶의 방식까지 따르고자 했다. 공자가 태산에 올라 비로소 천하가 작게 보였다는 '등태산소천하登泰山小天下'와 군자의 지덕知德을 산수에 비유한 '인자요산 지자요수仁者樂山 智者樂水(어진 자는 산을 좋아하고 지혜로운 이는 물을 좋아한다)'는 선비들이 산수를 유람하는 이념적 기반이 되었다. 공자의 태산 등정과 더불어 주자의 중국 호남성湖南省 남악南岳 형산衡山 유람 또한 선비들의 산수유관 심화에 영향을 주었다. 주자는 형산을 유람하고 그때 읊은 시문을 모아『남악창수집南嶽唱酬集』을 남겼는데, 이 책에 담긴 주자의 시문과 그 시문의 배경이 된 유람 내용은 조선 선비들이 그리는 유람의 모범이 되었다.

선비들이 추앙했던 퇴계退溪 이황李滉(1501-1570)도 "산을 유람하는 것은 독서와 같고, 산을 등정하는 과정은 도道의 절정을 찾아가는 것과 같다"고 하였다. 뿐만 아니라 자기 자신도 주자가 겨울에 남악을 유람한 일을 상고하여 한겨울에 청량산淸凉山에 올랐다. 관직에 나가지 않고 평생 학문에 전념했던 이황의 문인 치재恥齋 홍인우洪仁祐(1515-1554)도 자신의 금강산 유람을 공자의 태산 등정과 주자의 남악 유람에 빗대었고, 유람은 성현을 본받는 일임을 강조했다.

상술했듯 유람으로 즐겨 찾는 명산 대부분은 산세가 험준하여 항상 위험이 상존해 있었다. 그럼에도 선비들 사이에서 명산을 유람하는 풍조가 확산한 것은 산수유관이 유람을 구경과 놀이 이상의 의미로 인식하도록 했기 때문이다. 수몽守夢 정엽鄭曄(1563-1625)은 산수를 '음란한 음악이나 미색美色과 같아, 점점 그

가운데로 빠져들면 돌아올 줄 모르게 하는 마성이 있는 것'이라 했다. 하지만 마성이 있는 위험한 산을 오르는 고행을 통해서라도 공자의 '등태산소천하'의 이치를 발견해야 한다고 주장했다. 즉, 조선 선비들에게 산수 유람이란 단지 경치와 풍류를 즐기는 것 이상의 의미가 있었다. 유람은 공자와 주자, 그리고 선학을 본받아 산수에서 학문적 이치를 깨닫기 위한 것이라는 인식이 지배적이었다.

임진·병자호란으로 국토가 황폐화되고, 국가가 전후 복구에 몰두하고 있는 시점에서도 선비들의 유람은 끊이지 않았으며 오히려 더욱 성행하게 된다. 국가의 양 변란 이후 제기된 국가재조론國家再造論(국가를 재건하자는 논의)의 논점 가운데 유교 본래의 정치이념을 실천하자는 주장이 중요한 논점으로 떠올랐다. 주자학 정치이론의 핵심인 수기치인修己治人(스스로를 먼저 수양하고 세상을 다스림)의 수양론修養論을 통해 국가를 재건해야 한다는 주장이 강조되었다. 국가 재건을 위해서는 어질고 도덕적인 정치가 구현되어야 하는데, 이를 위해서는 치자인 선비들의 자정自淨과 수양은 필수였고, 스스로 학문에 몰두하고 수기치인하여 국가, 그리고 민생의 기대에 부응해야 한다는 것이다. 이러한 관념의 강화는 양 변란 이후에도 선비들이 스스럼없이 유람할 수 있는 명분을 만들어 주었다. 오히려 더욱 적극적으로

유람에 나섰다. 선비들에게 유람은 곧 산수를 통해 '인지지락仁
智之樂'을 이루는 공부이자 자신을 수양하는 행위로 인식되었기
때문이다.

선비들에게 산수는 단순한 자연현상의 의미로 그치지 않았
다. 정신 수양의 장소이자 국토의 역사와 문화가 집합된 장소였
다. 산수 유람을 통해 단순히 경물을 보고 즐기다 뜻한 바를 잃
어버리는 '완물상지玩物喪志'의 경계를 벗고, 자연이 지닌 내재적
의미를 탐미하며 유람을 의미 있는 행위로 만들어 갔다. 이것은
조선 선비들이 대외적으로 표방한 유람 명분이기도 했다.

춘정春亭 변계량卞季良(1369-1430)은 산을 유람하면서 "먼 산길
구름 속에 반쯤이나 들어가니 이 유람이 세속의 먼지를 피하기
에 족하구나"라고 감탄했다. 유람을 통해 탈속의 기분을 느끼
고 있다. 선비들은 복잡하고 번다한 일상에서 벗어나 탈속의 자
유를 느끼고자 하는 열망을 항시 가지고 있었다. 일상에 여가가
생기면 잠시나마 탈속과 안분을 체험하고자 했는데, 이러한 방
편으로 유람을 택하였다. 아름다운 산천 속에 들어서노라면 마
치 신선 세계에 든 듯한 감흥을 느꼈는데, 이는 유람의 목적 중
하나인 바로 탈속의 추구와도 부합한다.

그리고 산수는 글쓰기의 좋은 소재였다. 선비들의 일상에서
글쓰기는 자신을 수양하고 학문적 성과를 표현하는 매우 중요

한 것이었다. 글쓰기에 도움이 되는 일이라면 선학에게 배움을 청하기도 했고, 방법을 스스로 찾아 나서기도 했다. 글쓰기 방법 중에 천하의 장관을 유람하면서 호연지기浩然之氣를 구하는 것은 유학자인 선비가 해야 할 일이라 생각했고, 호연지기는 글쓰기에 큰 도움이 된다고 인식했다. 선비들은 『사기史記』를 쓴 중국 사마천司馬遷의 문장이 변화무쌍한 명문인 것은 유람을 통해 문기文氣를 함양했기 때문으로 생각했다. 선비들은 사마천의 고사를 유람의 명분으로 자주 피력하였고, 유람을 통해 자연의 이치를 깨닫는 것은 문기를 함양하는 데 큰 도움이 되는 것으로 여겼다. 산수는 글의 소재였고, 감수성을 자아내는 대상이었다. 선비들은 글짓기 능력을 배양하기 위한 중요한 방편으로 유람을 택했고, 실제 유람 중 수많은 시문을 창작해 냈다.

유람을 떠나기 전 유람에 필요한 식량과 물품들은 중국 송宋나라 진직陳直이 지은 『수친양로서壽親養老書』를 참고하여 구비했고, 유람 중에도 소지하고 다녔다. 이 책에는 노인 봉양에 필요한 계절별 섭생 및 약재 등이 기록되어 있다. 그리고 그 외에 성리학 서적을 지참하였다. 공자나 주자, 또는 이황과 같은 성현聖賢들을 본받아 산수 유람 중 독서를 통해 성리학적 이념을 궁구하며 구도求道하겠다는 다짐에서였다.

선비들은 역사 현장과 선현의 자취를 답사하기 위한 목적으로도 유람에 나섰다. 유람을 통해 역사 현장을 답사하고, 역사의식을 고취했다. 조선 선비들은 주로 개성 유람을 통해 고려의 유적을 답사하고 나라의 흥망을 상고하였다. 여기에 더하여 자신들이 학문적으로 추모하는 선대 명현들의 행적을 찾고자 유람을 떠났다. 청량산은 이황, 지리산은 남명南冥 조식曺植(1501-1572)이 유람했고, 그 기슭에서 후학을 양성했다. 이 산들은 두 명현으로 인해 큰 명성을 얻었고, 후학들이 무시로 찾아 유람하였다.

이처럼 조선 선비들에게 산수란, 도道가 깃들어 있는 공간이었다. 산수는 유람을 통해 선현의 뜻을 본받고 도심道心을 기르는 장소였고, 심신 수양의 장이었다. 이러한 산수유관은 당시 선비들이 지향하는 유람의 목적이었다. 그러므로 학문의 이치를 궁구하여 경물의 이치를 깨닫지 못하는, 학문적으로 낮은 수준에 있는 사람은, 유람 본연의 목적을 달성하지 못하므로 자중시키기도 했다. 일례로 1703년 농암農巖 김창협金昌協(1651-1708)이 황규하黃奎河(1687-1719)에게 유람의 유익함을 설명함과 동시에 함부로 유람하지 말 것을 권면한 서신을 보내기도 했다. 황규하의 나이 16세 때였다. 일의 전말은 황규하가 김창협에게 유람을 떠나고자 하니, 전별의 글을 지어 달라 요청한 것이었다. 김창협은 외물外物의 도움에만 의존한다면 유람하는 데 큰 의미가 없으므로 학문의 이치를 궁구하여 깨달은 이후 유람하도록 권유했다. 김창협 자신도 젊은 시절 금강산을 유람하면서 아름답고 화려한 점만 좋아하여 바쁘게 오르내리며 널리 구경함으로써 만족하려고 했던 것이 매우 유감스러웠다고 밝히고 있다. 경물을 많이 보는 데 빠져 도의 견지에서 관찰하고, 정신으로 이해한 후 성정을 도야하여 심금을 넓히는 기회로 삼지 못했음을 아쉬워했다. 젊은 황규하가 유람을 나선다고 하자 자신이 젊은 시절 유람할 때 겪은 불찰을 설명해 주고, 그러지 말도록 권면한 것이다. 다른 예로 윤증도 지인인 고송재孤松齋 심정희沈廷熙(1656-1714)의 아들이 재차 금강산을 유람하고 싶다고 하자, 조금이라도 한가한 때에 학업을 연마하지 않고 한가로이 돌아다니며 도로에서 세월을 허비하는 것이 아닌가 하는 우려를 표명한다. 학문의 깊이 없이 유람하다가 자칫 외물의 경치에 빠져 유흥에 그칠 것을 염려한 것이다.

예나 지금이나 어느 사람을 막론하고, 유람의 목적에는 일상의 권태로움에서 벗어나고자 하는 의도가 공존한다. 조선시대 유람의 실상을 들여다보면 퇴폐적 행위도 적지 않게 발견되는 것이 사실이다. 그러나 그것이 '유람이란 유희적이고 퇴폐적인 것'이라고 결론 짓게 할 만큼 보편적인 것은 아니었다. 조선 선비들은 유람에 있어 그 체모를 매우 중시했다. 자칫하면 신랄

한 비판을 받을 수 있는 일이 유람이라는 것을 누구보다 잘 인지하고 있었기 때문에 나름의 뚜렷한 명분과 목적의식을 갖추고 유람을 결행했다.

2

그럼 어디로 떠날까?

죽기 전 꼭 한번 봐야 할 곳_금강산金剛山

대한민국을 살아가는 우리에게 남북한을 통틀어 가 보고 싶은 국내의 관광지를 꼽으라면, 아마도 금강산이 다섯 손가락 안에 꼽힐 것이다. 금강산 관광은 현대인에게도 로망이다. 조선 시대에는 지위고하와 신분의 귀천을 막론하고, 모든 이가 가장 보고자 했던 국내의 명승지는 단연 금강산이었다. 정조 임금이 관동의 금강산과 관동팔경을 보고 싶어 도화서圖畵署 화원이었던 복헌復軒 김응환金應煥(1742-1789)과 단원檀園 김홍도金弘道(1745-?)를 보내 그림으로 그려 오게 한 일, 제주도의 기생 만덕萬德이 재물을 풀어 굶주린 백성의 목숨을 구한 일로 정조가 포상하려

그림 4 정선, 《풍악내산총람》, 1740년대, 간송미술관

하자, 만덕이 상 대신 금강산 유람을 요청한 일은 당시 모든 사람이 금강산을 가 보고자 했던 열망을 보여 주는 유명한 일화일 것이다. 선비들 역시 일생에 한 번쯤은 반드시 금강산을 유람하고자 하는 열망을 드러냈고, 실제 가장 많은 이가 유람한 곳도 금강산이었다.

그러면 언제부터, 무슨 연유로 금강산의 명성이 드높아지게 되었는가. 『세종실록』 지리지에는 "우리나라 산수가 천하에 이름났는데, 이 산에 흰색으로 서 있는 천만 봉우리는, 높고 절묘함이 으뜸이며, 불서에 담무갈曇無竭 보살이 머무르던 곳이란 말이 있어서 인간의 정토라 이른다. 민간에서 전하기를 중국 사람들이 고려국에 태어서 친히 금강산 보기를 원한다"고 했다. 금강산이 기록되어 있다고 하는 불서는 『화엄경華嚴經』이다. 『화엄경』에 담무갈(법기) 보살이 일만 이천 보살과 함께 항상 반야般若를 설법하고 있는 곳으로 기술되어 있는데, 이곳이 바로 조선에 있는 금강산이라 여겼다. 그야말로 야단법석처럼 펼쳐져 있는 금강산 봉우리가 일만 이천이라는 것도 여기에서 유래된 것이다. 금강산은 상악霜嶽·봉래蓬萊·풍악楓嶽·개골皆骨 등으로도 일컬어졌지만, 고려시대부터 이미 국내외에 불교와 관련된 '금강'이라는 명칭과 함께 불교 성지로 널리 알려져 있었다.

그러므로 금강산은 고려시대부터 성지순례자의 발길이 끊

이지 않았다. 고려 후기 문신 졸옹拙翁 최해崔瀣(1287-1340)는 "금강산은 겨울철 눈으로 땅이 얼거나 여름철 장마로 물이 넘쳐 길이 험할 때를 빼고는 유람 가는 사람들이 길 위에 줄지어 서 있다"라고 하였다. 고려 후기에는 금강산 사찰에 예불하는 사람들이 계층을 막론하고 줄을 이어 암자가 1년에 1백 개씩 불어날 정도였다고 한다.

금강산은 고려시대를 거치면서 불교 성지로 명성을 얻었을 뿐만 아니라 경치 자체도 국내에서 가장 수려한 지역이었다. 우리나라에서는 예로부터 삼신산三神山으로 불리던 금강·지리·한라산이 대표적 명승으로 꼽혔다. 삼신산은 『열자列子』「탕문湯問」 편에 나오는 봉래蓬萊·방장方丈·영주瀛洲다. 발해渤海에 섬으로 존재해 있으면서 신선이 살고 있다 전한다. 원래 이 삼신산과 더불어 대여岱輿·원교圓嶠 다섯 산이 있었는데, 조수에 밀려 표류하자 천제天帝가 각각 3마리씩 모두 15마리의 자라로 하여 이 산들을 떠받치고 있게 하였다고 한다. 뒤에 용백국龍伯國의 거인이 자라 6마리를 낚아 올려 등에 지고 자기 나라로 돌아갔으므로 대여와 원교 두 산은 서쪽 끝으로(서극西極) 떠내려가고, 심신산만 남게 되었다고 한다. 사람들은 삼신산에 신선이 살고 있으며, 불로초가 있다고 믿었다. 그러므로 진시황秦始皇이나 한무제漢武帝가 방술사方術士의 말을 듣고, 불사약을 구하기 위해

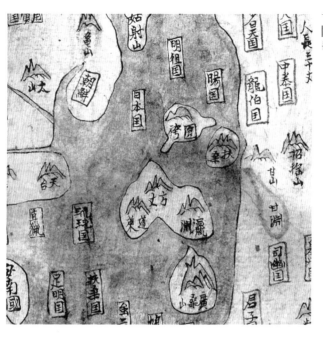

그림 5 《천하도》의 삼신산 부분, 조선 후기, 국립중앙도서관

직접 동해까지 갔다가 돌아왔다는 일화가 있을 정도다. 우리나라도 중국의 삼신산을 본떠 금강산을 봉래산, 지리산을 방장산, 한라산을 영주산으로 일컬었다. 남계南溪 신명구申命耇(1666-1742) 같은 선비는 삼신산이 우리나라에 있다고 굳게 믿었다.

삼신산은 일찍부터 신선이 살고 있다는 명산으로 알려져 있었다. '알려져 있었다'라는 것은 당시 사람들이 그것을 '굳게 믿었다'기보다는 산신이 실제로 그곳에 있길 바랐던, 간절한 소망이 있었음을 보여 준다. 조선시대에 만들어지는 각종 「천하도天

下圖」에 삼신산이 빠지지 않고 표시되어 있을 만큼 동방의 신선 세계로 유명하였다. 조선의 삼신산으로 불리는 금강·지리·한라산은 많은 이가 유람을 소망했다. 청성靑城 성대중成大中(1732-1809)은 금강산은 기이하고 변화무쌍한 것이 석가와 같고, 지리산은 넓고 크며 활달한 것이 공자와 같고, 한라산은 높고 험하며 홀로 솟은 것이 노중련魯仲連과 같다며, 삼신산을 성현에 비유했다.

삼신산 중 금강산의 명성은 좀처럼 수그러들지 않았다. 조선시대에 오면 금강산 유람 열기는 더욱 고조되고, 전시기에 걸쳐 유람객의 발길이 끊이지 않았다. 당시 금강산 유람객에 대한 통계가 없어 알 수 없지만, 17-18세기 문인화가 조영석趙榮祏(1686-1761)의 『관아재고觀我齋稿』에는 한 해 동안 금강산을 찾는 유람객이 어림잡아 수천 명이 넘었다고 기록되어 있다. 금강산은 산 자체가 지닌 수려한 경치만으로도 사람들에게 동경의 대상이 되어 왔고, 많은 사람이 유람을 소망했다. 사람들 사이에서 금강산을 유람하는 것은 신선의 명단(선적仙籍)에 이름을 올리는 것이라 할 정도였다. 백두산은 최북단 국경에 있고, 한라산은 바다를 건너야 하는 지리적 여건으로 유람이 어려웠다. 삼신산이 우리나라에 있다고 믿었던 신명구는, 삼신산 중 한라산은 탐라의 벼슬을 하는 자가 아니고서 바다 건너 그곳을 유람했다는 사람을 세상에서 본 적이 없다고 했다. 그만큼 한라산은 명성에 반해 유람이 어려웠다. 조선시대 가장 많은 사람이 유람한 곳은 금강산이었고, 창작된 산수유기도 금강산이 다른 산에 비해 월등히 많다.

금강산은 불교 성지로 명성을 얻었지만, 유가적 성향을 지닌 선비들도 금강산을 꾸준히 유람하였다. 이들은 한편으로는 금강산에 산재한 불교 의식을 폄하하기도 했으나, 다른 한편으로는 조선의 오랜 역사와 문화가 축적된 보고로 생각하고 생애에 꼭 한 번 돌아보아야 할 곳으로 인식했다. 금강산 유람을 평생의 소원으로 간직한 사람도 많았다. 고려말의 문신 가정稼亭 이곡李穀(1298-1351)은 회양의 천마령天磨嶺에 올라 금강산을 한 번 바라보는 것으로 평생의 소원을 다 풀었다고 감탄할 정도였다.

攙天雪色放神光
하늘 찌르는 흰 눈빛 신광을 발하나니
天子年年爲降香
천자가 해마다 이 때문에 향을 내리시네
一望平生心已了
한번 보고서 평생의 소원 이미 다 풀었으니
不須深處坐繩床

그림 6 정수영, 《해산첩》 중 〈금강전도〉, 1799년, 국립중앙박물관

깊이 파묻혀 노끈 의자에 앉아 있을 필요 있는가

—『가정집稼亭集』권19, 율시律詩,

「천마령 위에서 금강산을 바라보며天磨嶺上望金剛山」

　　김창협은 금강산의 산수 경관이 동방에서 가장 뛰어나다고 평가했다. 그리고 금강산을 두 번이나 유람하였지만 언젠간 다시 가 보고 싶은 심정을 토로하였다. 김창협과 같이 당시 선비들이 금강산 유람 욕구를 억제하지 못하고 꼭 가서 보고자 했던 이유는 금강산 경치가 기이하여 누구에게 얘기하기도 어렵고, 설사 듣는다고 하더라도 이해하기가 어렵기 때문이었다. 금강산은 직접 보고도 그 형상을 얘기하기 어려우므로, 금강산을 제대로 알고자 하면 직접 가서 유람해야 한다는 것이다.

　　간이簡易 최립崔岦(1539-1612)은 금강산 경치라고 하는 것이 아버지가 다녀왔다고 해서 아들에게 설명해 줄 수 없고, 아들이 다녀왔다고 해서 또 아버지에게 얘기해 드릴 수가 없는 그런 장소로 이해하고 있다. 박세당도 금강산 경치가 세상에서 가장 좋고, 많은 묵객墨客이 유람을 다녀오고 시를 지었지만, 그 빼어남을 온전하게 살린 시가 드물다는 것을 평소 괴이하게 여겼다. 그러던 차에 자신이 직접 유람하며 눈으로 보고 나서야 금강산은 시인의 붓으로 만에 하나도 형용하기 어려운 대상이라 이해하고 있다.

조선의 선비들은 산을 제대로 알고자 하거나 산을 소재로 작품을 창작하고자 한다면 이와 같은 금강산의 웅장하고 기이한 형상을 반드시 직접 눈으로 봐야 한다고 생각했다. 금강산은 그야말로 조선 선비들에게 유람과 문예 작품 창작의 흥취를 유발한 선망의 대상이었다. 수당修堂 이남규李南珪(1855-1907)는 강원도 통천군수로 가는 심사범沈士凡에게 글을 보냈는데, "비록 고지식한 유학자나 속된 선비라 하더라도 목을 빼고 동쪽을 바라보면서 여윈 나귀와 종복을 데리고 한번 유람하길 원하므로 통천군수로 나가기를 크게 염원하고 있다"고 하였다. 이남규는 조선말의 학자이자 항일운동가이다. 즉, 사람들이 금강산을 동경하고 유람하기를 희망하는 풍조는 조선말에도 수그러들지 않았다. 유람을 하고자 한 조선 선비들이 가장 많이 택한 곳은 금강산이었다.

조선 제일의 팔경이 있다는데_관동팔경關東八景

조선시대에는 관동팔경이 금강산과 더불어 유람의 명소로 칭송받았다. 고려의 문인 백운거사白雲居士 이규보李奎報(1168-

1241)는 관동의 산수를 국내 최고로 칭송하고, 한 번 보았으면 죽어도 여한이 없겠다는 여운을 남겼다. 근재謹齋 안축安軸(1282-1348)은 강릉도존무사로 임명되어 관동을 유람한 후, 그때 지은 시와 문장을 모아서 『관동와주關東瓦注』를 지었다. 안축은 관동 유람에서 누대와 산수의 아름다움을 다 보았으므로 이후 사방에서 칭송하는 빼어난 경승지라도 결코 눈에 차지 않을 것이라는 생각을 늘 지니고 살았다. 한번은 그가 기성箕城(울진군 기성면)에 간 적이 있는데, 어떤 사람이 단양의 북루北樓가 아름답다고 하여 기성을 떠나 고향의 부모님을 알현하고자 단양을 지날 때 그 북루를 찾았다. 이때 안축은 기이하고 빼어난 경치가 관동의 것과 거의 다르지 않았다고 칭송하면서도, 북루가 아름답다고 한 사람이 관동을 아직 유람해 보지 못 했으므로 그 누대를 남쪽 지방에서 최고라 여긴다고 하였다. 안축은 관동을 유람한 후 그 경치를 다른 곳과 비교할 수 없을 만큼 최고로 치고 있다.

이규보나 안축이 칭송한 국내 최고의 명승들이 바로, 금강산과 강원도 동해안에 있던 지금의 관동팔경이었다. 조선시대로 오게 되면 금강산과 관동팔경을 함께 유람하는 것이 산수 유람을 꿈꾸던 선비들에게는 최고의 코스이자 로망이었다.

우리나라의 팔경 문화는 중국 소상瀟湘팔경 문화의 유입으로 유행하게 되었다. 소상팔경은 중국 호남성湖南省의 소강瀟江

과 상강湘江이 만나는 지점의 팔경이 시와 그림으로 만들어진
것이다. 중국에서도 소상팔경 이후 이름난 명승지에 개인마다
취향에 맞게 팔경을 만들어 내고 시로 읊었다. 우리나라에 팔
경 문화가 유입된 것은 고려시대이고, 고려말부터 국내의 명승
을 대상으로 팔경이 만들어진다. 고려말 조선초의 문신 노봉老
蜂 김극기金克己(1379-1463)는 가장 이른 시기에 한국의 팔경시를
창작했다. 김극기는 사신의 임무를 띠고 강릉에 갔다가 경치에
취해 「강릉팔경시江陵八景詩」를 남겼는데, 이 시가 한국 팔경시의

그림7 작자미상, 《소상팔경도》 중 〈원포귀범〉·〈소상야우〉·〈동정추월〉, 16세기, 국립진주박물관

효시다. 이후 안축·이곡 등에 의해 「삼척서루팔경시三陟西樓八景詩」가 창작되었다. 서루는 삼척의 죽서루를 일컫는 것이다. 팔경시는 고려말 선비들에 의해 자신의 고향이나 부임지 등을 배경으로 창작되었다. 우리나라 중심의 팔경 문화가 진행되는 것이다. 이 중 관동팔경은 한국의 팔경 중 가장 이른 시기에 만들어졌고, 한국을 대표하는 팔경으로 인식되었다.

그럼 관동팔경은 구체적으로 어느 곳을 지칭하는 것일까? 그것은 시대에 따라 조금씩 달랐다. 관동팔경의 장소가 구체적으로 나타나는 것은 눌재訥齋 박상朴祥(1474-1530)이 지은 「관동팔영關東八詠」이 처음이다. 이 시에서의 팔영은 경포대·금강산·금란굴·낙산사·대관령·무릉계·오대산·총석정이다. 이외에 이황이 경포를 설명하면서 "강릉의 동북쪽에 있는데 … 즉, 관동팔경의 제일이다"라고 한 것과 태천苔泉 민인백閔仁伯(1552-1626)이 "삼척 죽서루의 승경이 관동팔경 중 최고이며 재차 논의하는 것이 무의미하여 다시 화폭을 보았다"라는 글에서 관동팔경이라는 용어가 나타난다. 이후 조선 선비들의 문집 등에 관동팔경이라는 용어가 지속 등장한다.

박상이 처음 제시한 관동팔경은 강원도 동해안을 중심으로 한 것이 아니라 강원도 전체를 아우르는 팔경이다. 현재 통용되는 강원도 동해안의 영동嶺東을 중심으로 하는 관동팔경의 장소 8곳을 구체적으로 제시한 사람은 하음河陰 신집申楫(1580-1639) 이 처음이다. 신집 이후 많은 선비가 관동팔경의 장소 8곳을 제 시하고 있다. 16-17세기 초에는 이미 선비들의 인식 속에 관동 팔경이 정형화되어 있었다. 조선 선비들이 제시한 관동팔경을 나열해 보면 경포대·낙산사·만경대·망양정·사선정·삼일포· 시중대·영랑호·월송정·죽서루·청간정·총석정·청초호·해산 정 등 총 14곳 정도이다. 여기서 영랑호는 현재 속초시의 영랑 호가 아니라 북강원도 고성군에 있는 영랑호이다. 관동팔경은 제시하는 사람이 보고 인식하는 관점에 따라 약간의 편차가 있 어 어느 것이 정설이라 할 수 없다. 보는 사람마다 대략 14개소 의 명승 중 자신의 취향에 맞는 8곳을 뽑아 관동팔경으로 제시 했다.

사람들은 흔히 조선시대 관동팔경이 널리 알려지게 된 계기 를 정철鄭澈(1536-1593)의 「관동별곡」에서 찾는다. 정철이 1580년 강원도관찰사 재임 시 도내를 돌아보면서 지었던 「관동별곡」에 서는 산영루·총석정·삼일포·청간정·의상대·경포대·죽서루· 망양정 등 현재 흔히 알려진 관동팔경 장소가 동해안의 이름난 명승으로 거론되었으나, '관동팔경'이라는 용어가 직접 사용되 지는 않았다. 그러나 정철의 「관동별곡」은 후대 기행문학에 큰 영향을 끼친 작품으로, 여기서 제시된 동해안의 명승지가 관동

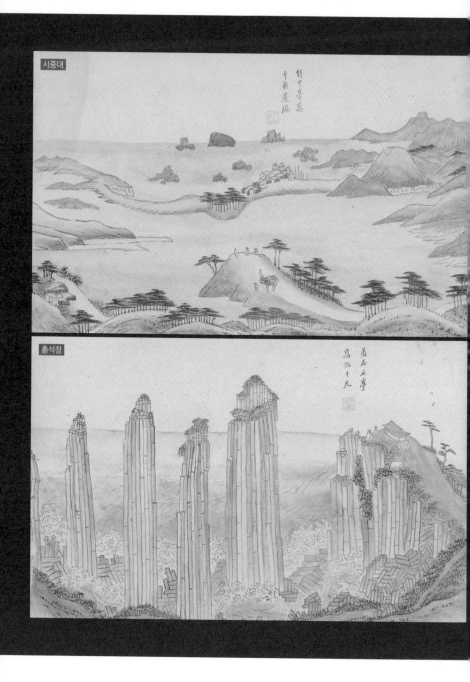

시중대

侍中基高
千載遺風

총석정

叢石石亭
高柱于天

48

삼일포

三日浦上
依舊
何人

해산정

上海山亭
琴中城洋

청간정

淸澗亭北
璟珚岑〜

낙산사

洛山寺東
朝日萬
紅

50

경포대

鏡浦臺下
上天光

竹西樓

竹西
樓景
關東
嶺南

그림 8 작자미상,《금강산도권》중 관동십경(8곳) 발췌, 조선 후기, 국립중앙박물관

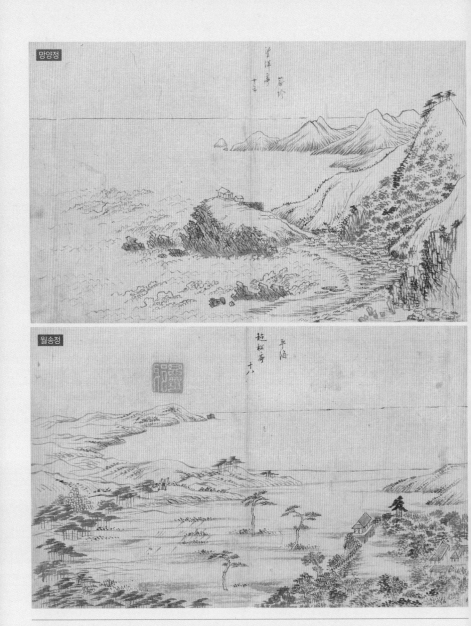

그림 9 전 김홍도 필,《해동명산도첩》중 관동십경(2곳) 발췌, 조선 후기, 국립중앙박물관

52

팔경의 장소 고착화에 큰 영향을 주었던 것은 분명하다. 현재 통상적으로 일컫는 관동팔경은 통천의 총석정, 고성의 삼일포, 간성의 청간정, 양양의 낙산사, 강릉의 경포대, 삼척의 죽서루, 울진의 망양정, 평해의 월송정이다. 그리고 흡곡의 시중대와 고성의 해산정을 포함하여 '관동십경'이라 부르기도 한다. 총석정·삼일포·시중대·해산정 등 이 4곳은 현재의 북강원도에 있거나, 있었다.

관동팔경은 주로 누정樓亭 중심으로 구성되어 있다. 유람에서 누정은 중요한 역할을 차지한다. 선비들은 유람할 때면 수려한 경치를 조망할 수 있는 누정에 올라 시를 읊으며 풍류를 즐겼다. 조선의 문인 관료들에게 누정은 손님을 접대하며 시회詩會를 열어 여가를 즐기는 장소로 중요한 역할을 담당했다. 관동팔경이 누정 중심으로 정형화된 것도 이러한 영향이 있었다.

관동팔경이 정형화되고 조선 제일의 팔경으로 널리 회자하면서 금강산과 더불어 유람명소가 되었다. 물론 관동팔경이 금강산을 오가는 길에 연접해 있어, 금강산 유람의 특수를 누린 영향도 있다. 용재容齋 이행李荇(1478-1534)은 관동은 진실로 형승의 고장이어서 선비가 세상에 태어나면 누구나 유람하고 싶은 뜻을 품기 마련이라고 했다. 이행 자신도 젊은 시절 금강산·삼일포 등지를 유람하였으나, 그 향수를 잊지 못해 다시 유람하고

픈 마음에 밤마다 꿈에 그렸다고 한다. 심지어 죽창竹窓 이시직 李時稷(1572-1637)은 삼생(전생·현생·내생)의 숙원이 관동을 유람하는 것이었다고 한다. 죽기 전 지인과 함께 짚신을 신고 대지팡이를 짚으며 경포대와 금강산을 유람하고자 하는 소원이 있었으나, 결국 이루지 못했다. 병자호란으로 강화성이 적에 의하여 포위되고 남문이 함락되자 활 끈으로 목을 매어 자결하였다. 실학자인 담헌湛軒 홍대용洪大容(1731-1783)은 "강원이 바다에 연하여 관동팔경이 있다. 연해 7백 리에 산세가 아름답고, 해당화가 흰 모래에 깔리고, 누대가 서로 바라보인다. 아름답고 정숙하고 상쾌함이 국내 제일의 승경이다"라고 하여 관동팔경을 국내 제일의 경치로 꼽는 등 조선 선비들의 글 속에는 관동팔경을 격찬한 내용이 무수하게 많이 나타나고 있다.

관동팔경은 우리나라 산천의 아름다움을 진경산수로 꽃 피우게 했던 장소이자 유람의 명소로 명성을 얻었다. 선비들이 자주 찾아 문학 작품 속에 다채로이 표출되었음은 물론, 조선 후기 실경산수화의 소재로 가장 선호되는 장소였다. 그러므로 관동팔경 도처에는 왕으로부터 무명의 선비에 이르기까지 수많은 사람의 시문과 족적이 남겨져 있다.

3

평생의 소원을
다 풀었노라!

이보다 아름다운 곳 또 있으랴_탐승探勝

조선 선비들에게 관동유람은 출발부터 설렘이었다. 평소 소 망하기도 했지만, 말로만 듣던 천하 명산인 금강산과 조선 제일 의 관동팔경을 본다는 생각에 관동으로의 유람이 결정되면 들 뜬 마음을 주체하지 못했다. 관동을 유람해 본 사람은 물론이거 니와 유람하지 않은 사람들도 관동이 아름답다는 소문을 익히 들은지라, 관동을 가는 지인이 있으면 그 경치를 극찬하면서 반 드시 유람해 보길 권유했다.

최립은 1603년 간성군수로 재직할 당시 유람했던 관동의 경 치를 매우 감명 깊게 생각했다. 기재寄齋 박동량朴東亮(1569-1635)

이 강원도관찰사로 부임한다고 하자 매우 고무되어 금강산 등을 꼭 한번 유람해 볼 것을 권유했다. 박동량은 관찰사 부임 직전 명나라에 다녀왔는데, 최립은 온갖 미사여구를 동원하여 관동의 경치는 명나라 경치와는 비견될 수 없을 만큼 뛰어나다는 것을 강조하고 꼭 한번 유람해 볼 것을 강권했다. 삼척부사를 지냈던 미수眉叟 허목許穆(1595-1682)은 관동의 명산 유람에서 본 경치에 대하여 10년이 지난 후에도 생각할 때마다 가슴속이 상쾌해지고, 남에게 유람의 즐거움을 논할 때도 침이 마르도록 얘기하지 않은 적이 없었다고 한다. 관동의 경치에 대한 극찬과 주변 사람들의 권유가 이러한지라 유람객들은 유람을 떠날 때부터 기대감에 부풀었고, 실제 관동에 들어서면 과연 세상의 소문이 헛된 것이 아님을 깨닫게 되었다.

조선시대 한양에서 출발하여 관동을 유람한 대다수의 사람은 철원 → 김화 → 금성 → 회양 → 단발령斷髮嶺 → 금강산으로의 노선을 택하여, 회양의 내금강만 보고 다시 한양으로 돌아가거나, 고성으로 넘어가 외금강과 해금강을 유람한 후 다시 회양으로 넘어와 한양으로 돌아갔다. 관동팔경까지 보길 원하면 고성의 해금강에서 남하하여 관동팔경을 유람하고 강릉의 대관령을 넘어 한양으로 돌아가는 장기간의 노선을 택하였다. 한양을 출발, 강릉 대관령을 넘어 관동팔경을 먼저 보고 북상하여

그림 10 강세황, 〈피금정〉, 1789년, 국립중앙박물관

고성 → 금강산 → 회양 → 금성 등을 지나 한양성으로 가는 반대 여정을 택하기도 했다. 통상 한양에서 금강산까지 도착하는 데에 7일 정도가 걸렸고, 금강산 내에서의 유람기일은 노정에 따라 짧게는 보통 4일, 길게는 14일 정도였다. 관동팔경까지 함께 보려면 한 달 이상이 걸렸다.

한양에서 출발하면 김화와 금성을 거쳐 회양 천마산天摩山의 단발령을 넘어 내금강으로 들어갔다. 이 노정 중 반드시 들리던 곳 중의 하나가 금성의 피금정披襟亭이었다. '피금披襟'은 '옷깃을 풀다'라는 뜻이다. 여정으로 심신이 지친 이들이 옷깃을 풀고 바람을 맞으며 휴식을 취한다는 의미이다. 보는 이의 단속한 옷깃마저 풀어헤치게 할 정도로 주변의 경치가 무척 아름다운 것이다. 그러므로 이 지역을 지나는 유람객들은 피금정에 올라 주변의 경치를 감탄하며 노래했다. 학암鶴巖 조문명趙文命(1680-1732)은 1713년 금강산을 유람하러 가는 길에 피금정에 오르고, 그 경치에 반해 돌아오는 길에 다시 들리길 소망하고 있다. 정재定齋 박태보朴泰輔(1654-1689)는 피금정에 올라 흙먼지가 끓을 정도로 오가는 사람이 많다고 하였다. 그만큼 금강산을 오가는 사람이 많았다는 얘기다. 피금정은 금강산으로 들어가는 유람객의 지친 심신을 달래는 장소였고, 관동유람 중에 맛볼 수 있는 소소한 즐거움이 있는 장소였다.

그림 11 전 김홍도 필, 《해동명산도첩》 중 〈맥판〉, 조선 후기, 국립중앙박물관

　　유람객은 피금정을 지나 맥판진麥阪津에서 쉬었다. 금강산으로 가려면 맥판진을 지나야 했기 때문이다. 맥판진은 금성현과 회양도호부의 경계였다. 사람들은 맥판진에 이르면 곧 금강산의 입구로 들어간다고 여겼다. 문곡文谷 김수항金壽恒(1629-1689)은 창도역에서 묵은 후 이곳을 지나며 별천지인 금강산이 멀지 않았음을 느꼈고, 김수항의 아들 김창협은 맥판진의 절경에 놀라고, 한편 천하 명승인 금강산에 곧 당도한다는 설렘을 주체하

지 못했다.

맥판진을 지나 회양에 있는 천마산의 단발령을 넘으면 금강산이다. 단발령에 오르면 멀리 금강산 전경이 보이므로 유람객들은 먼저 이곳에서 금강산 전경을 감상했고, 화가들은 금강산 전경을 화폭에 담았다. 세속의 사람들이 이 고개에 올라 금강산을 보게 되면 머리를 자르고 출가하고픈 마음이 들기 때문에 이름 지어졌다고 한다. 단발령을 넘어 금강산 초입으로 들어서면 장안동長安洞이 나오는데, 그 동쪽에 가파른 산이 겹쳐 있어 경치가 유달리 뛰어난 금장곡金藏谷이 있다. 삼연三淵 김창흡金昌翕(1653-1722)은 금장곡을 보고 미칠 듯한 홍취가 난다고 했다. 장안동에 들어서면 장안사에 들렀다. 사찰 입구의 무지개 모양(홍예虹蜺) 만천교萬川橋는 금강산에 들어서는 문에 해당된다. 소재穌齋 노수신盧守愼(1515-1590)은 만천교에서부터 주변 풍광에 매료되어 돌아가는 것을 잊을 정도였다.

장안사 인근에는 내금강의 모든 물이 흘러드는 백천동百川洞이 있다. 백천동에는 천하절경인 명경대明鏡臺와 옥경대玉鏡臺가 마주하고 있다. 명경대는 높은 봉우리가 깎아지른 듯이 서 있고, 위에는 누런 돌을 이고 있는데, 둥글기가 명경明鏡과 같다고 하여 이름 붙여졌다. 옥경대는 '엽경대葉鏡臺'라 부르기도 한다. 김창협은 이곳을 보고, 황홀 지경이라 감탄을 금치 못하겠

다는 탄성을 질렀다. 명경대를 지나면 금강산 수많은 골짜기 가운데서도 가장 고요하고 아름다운 골짜기의 하나인 영원동靈源洞이 나온다. 골짜기가 매우 깊고, 봉우리들이 기괴하여 내산內山 중 최고라 칭송받는 곳이다. 영원동 뒤쪽에는 백탑동百塔洞이 있다. 백탑동으로 들어가는 돌문인 문탑門塔을 지나면 검은 돌이 층층이 쌓여 사람이 쌓은 듯하다. 그 꼭대기가 불룩하게 튀어나온 것이 우산과 같으며, 높이는 5-6장丈인데 다보탑이라고도 한다. 1745년 강한유로江漢遺老 황경원黃景源(1709-1787)이 백천동과 영원동을 유람하며, 백 개의 시냇물이 밤낮으로 울어 댄다고 하였다.

영원동과 백탑동을 유람한 사람들은 내금강 동쪽 송라동松羅洞으로 가서 금강산 동쪽 봉우리인 망고대望高臺(또는 망군대)를 조망하거나 직접 올랐다. 송라동은 신라의 마의태자가 망국의 한을 안고 들어와서 베옷을 입고 풀로 연명하다가 생을 마쳤다고 전하는 곳이다. 망고대는 벼랑이 돌난간과 같아서 쇠줄을 수직으로 드리우고 그 줄을 붙잡고 올라야 했다. 교산蛟山 허균許筠(1569-1618)이 1603년 외가인 강릉에 머물고자 가는 길에 망고대에 올랐는데, 혼백이 빠지도록 두려웠다고 한다. 뒷날 오르는 사람들에게 목숨이 중하다는 걸 생각해 두라고 충고할 정도였지만, 그 위에서 보는 풍광은 목숨을 무시할 정도였다고 극찬했

그림 14 명경대, 일제강점기, 강원특별자치도DMZ박물관

김하종, 《해산도첩》 중 〈명경대〉, 1815년, 국립중앙박물관

작자미상, 《금강산도권》 중 〈백탑동〉, 조선 후기, 국립중앙박물관

그림 17 망고대, 일제강점기,
강원특별자치도DMZ박물관

다. 정철은「관동별곡」에서 그 높이에 감탄하여 "높을시고 망고
대/외로울사 혈망봉/하늘에 치밀어 무슨 일을 사뢰리라/천만겁
지나도록 굽힐줄 모르는가/너와 너로구나 너 같은 이 또 있는
가"라며 찬탄했다.

　내금강에서 가장 뛰어난 경치를 자랑하는 곳은 만폭동萬瀑洞
이다. 금강산을 찾은 선비들은 반드시 이곳을 유람했다. 만폭
동에는 표훈사表訓寺가 있다. 표훈사 북쪽에는 금강대金剛臺가 있
는데, 돌이 하늘을 뚫을 듯 솟아 있다. 금강대는 만폭동 입구에

서 가장 잘 조망되었다. 만폭동에는 경치 외의 또 하나 명물이 있었다. 만폭동 너럭바위에 당대 명필이었던 봉래蓬萊 양사언楊士彦(1517-1584)이 회양부사로 있을 때 쓴 "봉래풍악원화동천蓬萊楓岳元化洞天" 초서草書 대자大字이다. 필체가 날아 움직이는 듯 힘차서 유람하는 선비들은 가히 만폭동과 웅장함을 다툴 수 있다고 평가하며, 너도나도 이 글씨 주변에 자신의 필적을 새겼다. 선비들이 만폭동에 가면 반드시 양사언의 글씨를 보고, 그곳에서 바라보이는 금강대의 경치를 감상했다. 김창협은 1671년 만폭동 양사언의 글씨를 밟고 서서 "원화동천 새겨진 반석 위에

그림 18 정수영, 《해산첩》 중 〈만폭동〉(하단에 양사언 글씨), 1799년, 국립중앙박물관

올라 보니 아스라이 금강대 드높이 솟았으나 청학이라 둥지에는 울음소리 적막하다. 양봉래 노련한 필치를 살펴보니 어이쿠 성난 사자 바위를 걷어차는군"이라고 소회를 남긴다. 양사언의 글씨는 화가 정수영鄭遂榮(1743-1831)이 만폭동 그림에도 그려 넣을 정도로 깊은 인상을 주었다.

표훈사 근거리에는 정양사正陽寺가 있다. 정양사 헐성루歇惺樓에서 바라보는 금강산의 풍치가 일품이므로 선비와 화가들은 헐성루에서 개심대開心臺·방광대放光臺·천일대·배점拜岾 등을 한 눈에 조망했다. 전해지는 얘기로는 고려 태조 왕건王建이 방광대에 올랐는데, 담무갈 보살이 돌 위에 몸을 나타내어 광채를 발하였다고 한다. 왕건이 군신들과 고개 숙여 예를 표했고, 정양사를 지었다고 한다. 이 때문에 절 뒤의 언덕을 방광대라고 하고, 앞의 고개를 배점이라 한다. 노수신은 배점에 올라, 자신도 무릎을 굽힐 것 같은 마음이 생길 정도로 배점에서 보는 금강산 경관이 매우 압도적임을 느꼈다.

만폭동에는 내팔담內八潭이 있다. 화룡火龍潭·선담船潭·구담龜潭·진주담眞珠潭·벽하담碧霞潭·분설담噴雪潭·흑룡담黑龍潭·청룡담靑龍潭 등 소가 8개여서 '8담'이라고 하지만 실제 8담 외에 3개의 작은 소가 더 있다. 이중 흑룡담은 승려들 사이에서 석가모니가 목욕한 곳으로 통했다. 번암樊巖 채제공蔡濟恭(1720-1799)은

歇惺樓望前面

全景

그림 19 김하종, 《해산도첩》 중 〈헐성루망금강〉(전면), 1815년, 국립중앙박물관

그림 20 김윤겸, 〈진주담〉, 1756년, 국립중앙박물관

8담을 보고, 그중 진주담眞珠潭이 중국 강서성江西省 구강현九江縣 남쪽에 있는 여산廬山 폭포보다 뛰어날 것이라며 극찬했다. 화룡담 위쪽에는 마하연摩訶衍이 자리한다. 만폭동 중에서 가장 깊은 곳이다. 주변 맑은 물과 하얀 돌이 여기에 이르러 기이함을 더한다. 마하연으로부터 칠보대七寶臺에 오르기 직전에 설옥동雪玉洞이 있고, 마하연 동북쪽에 혈망봉穴望峰이 있다. 혈망봉은 항아리 주둥이와 같은 구멍이 있어 이름 붙여진 것이다.

혈망봉 아래에는 담무갈봉曇無竭峰이 있는데, 담무갈 보살을 법기法起 보살이라고도 하기에 '법기봉'이라고도 불린다. 담무갈봉 아래쪽에는 향로봉香爐峰이 있다. 크고 작은 두 개의 봉우리가 있어 큰 것은 대향로봉, 작은 것은 소향로봉으로 부른다. 봉우리의 두 귀퉁이가 하늘로 높이 솟구쳐 홀로 서 있는데, 모양이 향로와 같아 그렇게 부른다. 혈망봉 동쪽에 일출봉日出峰과 월출봉月出峰이 서로 마주하고 있고, 모두 가파르고 높이 솟아나 일출과 월출을 볼 수 있어 그렇게 불린다.

만폭동 옆에 그윽하고 조용하며 스산한 내원통內圓通이 있고, 여기에 내원통암이 있다. 내원통과 잇따라서는 수미봉須彌峯이 있다. 계곡으로는 오래된 돌들이 무더기로 얽혀 부처 같기도 하고, 짐승 같기도 하고, 집 같기도 하며 탑 같기도 한 것이, 수백 수천으로 헤아릴 수 없을 정도로 많다. 그 가운데에 한 개의

작자미상,《금강산도권》중〈수미탑〉, 조선 후기, 국립중앙박물관

층진 바위가 불쑥 솟아 하늘을 받치고 있는데 완연히 수백 층의 돌탑이다. 이것을 '수미탑'이라 부른다. 산에 솟은 돌의 모양이 실제 탑처럼 기이하고 산 자체가 불상을 안치하는 수미단須彌壇처럼 보이는 것이다. 죽석관竹石館 서영보徐榮輔(1759-1816)는 수미봉을 보고, 화공化工이 솜씨를 발휘했다며 그 아름다움을 극찬했다.

수미봉에서 동쪽으로 고개 하나를 넘으면 화살촉 같은 가섭봉迦葉峯이 나온다. 그 모양이 생황笙簧 다발과 같아 장대함이 금

그림 22 비로봉, 일제강점기, 양구근현대사박물관

강산의 제일이다. 수미봉 북쪽에는 영랑점永郞岾이 있고, 그 옆
에는 금강산의 주봉인 비로봉毘爐峯이 있다. 비로봉 아래로 늘어
선 봉우리가 길게 펼쳐져 있고, 기이한 봉우리들이 빼어나게 솟
아서 구름 병풍처럼 바라보이는 중향성衆香城이 있다. 중향성과
담무갈봉 사이에는 내·외금강이 교차하는 내수점內水岾이 있다.
내수점은 '안문점鴈門岾'으로도 불린다.

　　내수점 동쪽에 백훤담百諠潭과 이허대李許臺가 있다. 이허대
는 잠와潛窩 이명준李命俊(1527-1630)이 강릉부사 시절에 유람 왔
다가, 물가에 우뚝 서 있는 모습이 마음에 들어 쉬었고, 함께 유
람 온 사람의 성이 허씨許氏였기에 마침내 '이허대'라고 글씨를

엄치욱, 「묘길상」, 조선 후기, 국립중앙박물관

새겼다고 한다. 이허대 근처에는 붉은 절벽이 병풍처럼 연이어 둘러싸 있는 묘길상妙吉祥이 있다. 묘길상에는 신라시대에 창건되고 고려 말 나옹懶翁이 중창한 묘길상암이 있었다.

내금강을 유람한 후 외금강을 보고자 하는 선비들은 내·외금강의 분기인 내수점을 넘어 고성의 유점사榆岾寺를 지나 백천교로 나가는 노정을 택하였다. 윤휴는 1672년 백천교를 건너면서 주변 수석이 기이하기 이를 데 없고, 푸른 소나무가 길옆으로 죽 있어 눈을 다시 닦고 보게 할 정도라며, 백천교 풍광에 대

그림 24 백천교, 일제강점기, 강원특별자치도DMZ박물관

한 찬사를 쏟아냈다. 이어 선비들은 외금강의 대표적 명승인 만물상萬物相·신계동新溪洞·구룡연九龍淵·옥류동玉流洞·발연鉢淵·불정대佛頂臺·은선대隱仙臺·십이폭포十二瀑布·만경대萬景臺 등을 유람하였다.

　만물상은 온정溫井의 서쪽 끝인 오봉산五峯山 남쪽 사면 일대로, 절벽이 층층이 1만 가지 생김새를 가진 기암괴석으로 이루어진 봉우리들이 줄지어 서 있다. 원래 '만물초萬物草'라 하였다. 만물상 입구의 삼선암三仙巖에서는 동해의 푸른 바다를 한눈에 볼 수 있고, 삼선암 주변에는 귀면암과 독선암이 있다. 온정의

오봉산 만물상, 일제강점기, 강원특별자치도DMZ박물관

천선대天仙臺에 오르면, 만물상을 한눈에 바라볼 수 있다.

신계동은 금강산 왼쪽 산기슭인데, 금강산 대찰 중 하나인 신계사新溪寺가 있다. 신계동은 골짜기가 그윽하고, 봉우리는 옥을 깎아 놓은 듯하다. 신계사 서쪽에 구룡연이 있는데, 물줄기가 굽이굽이 8개의 연못을 이루어 '상팔담上八潭'이라 한다. 유점사 터에서 살던 아홉 마리의 용이 53불佛에 쫓겨나 이곳에 와서 살았다는 전설에서 '구룡연'이라는 이름이 유래하였다. 물이 산등성이를 가로질러 안팎으로 흘러서 8번째 연못에 떨어지는데,

MT. FIVE PEAKS. "MT. OUTER DIAMOND, KOREA"
（一其）山峯五【山剛金鮮朝】
輝く如の雪色純の岩崗花したを峰立獨の數無でけ裂に殷望展の太千提
抜青科紋文國 。D な巌森重壯悌て么越を奇怪相其 々峰 。小見を土臘き
（剛金外）。率

이것이 구룡폭포이고 그 아래에 있는 것이 구룡연이다. 구룡폭
포는 물이 불어나면 꼭 은색 무지개가 땅으로 꽂히는 것과 같
다. 골짜기 돌의 표면이 맑고 미끄러워서 발을 디디기 매우 어
려워 유람 온 선비들이 넘어져 다치는 일이 종종 있었다. 매산
梅山 홍직필洪直弼(1709-1787)은 구룡연을 보고, 하늘의 연못이라
며 찬사를 쏟아냈다.

　구룡연을 지나면 옥류동이 나오는데, 가는 길은 매우 험하
였다. 잡고 올라갈 것이 없어서 철로 된 동아줄을 내려서 의지

그림 26 신계사, 일제강점기, 양구근현대사박물관

그림 27 구룡폭포, 일제강점기, 국립중앙박물관

그림 28 상팔담, 일제강점기, 강원특별자치도DMZ박물관

김하종, 《해산도첩》 중 〈비봉폭〉, 1815년, 국립중앙박물관

했다고 한다. 옥류동의 백미는 비봉飛鳳폭포이다. 폭포수의 모양이 봉황새가 긴 꼬리를 휘저으며 하늘로 날아오르는 것같이 아름답다고 하여 '비봉'으로 불렸다. 폭포수는 큰 바위벽을 굽이쳐 흐르며, 다시 누운 폭포를 이루다가 흩어져 떨어지면서 푸른 못인 봉황담에 담긴다. 채제공은 신선이 존재한다면, 바로 이곳이 신선이 노닐기에 가장 적합한 곳일 것이라며 감탄했다.

발연은 고성군 서쪽 35리 금강산 왼쪽 산기슭에 있다. 쌍으로 흐르는 곳은 상발연上鉢淵이고, 6개의 웅덩이가 있는 곳은 하발연下鉢淵이다. 둥글기가 마치 바리때(발鉢)처럼 생겼기 때문에 붙여진 이름이다. 위쪽 반석에서 비스듬히 폭포가 흐르는 곳에 발연암鉢淵庵이 있다. 발연암은 승려들이 폭포를 타는 놀이인 치폭馳瀑을 하던 곳이다. 낙전당樂全堂 신익성申翊聖(1588-1644)이 치폭의 모습을 보고 "발연의 물놀이와 발연의 유적은 절경이라 부를 만하다"라고 한 것처럼 당시 유람객들은 발연에서 치폭을 자주 즐겼다. 폭포가 흐르는 위의 서쪽 벽에는 양사언이 쓴 "봉래도蓬萊島" 세 자가 새겨져 있다.

불정대는 박달령 위에 있는데, 만 길 되는 절벽으로 잔도棧道를 설치해서 다녔다. 불정대 남쪽에는 풍혈대가 있다. 돌에 동굴이 뚫려 있는데, 이 동굴에서 바람이 불어온다고 하여 붙여진 이름이다. 용재慵齋 성현成俔(1439-1504)은 불정대에서 조망되는 기이한 경관에 매료되어 돌아가는 것을 잊을 정도였다고 했다. 불정대와 마주하여서는 은선대가 자리하고 있다. 은선대가 있는 골짜기는 효운동曉雲洞이다. 항상 새벽 구름에 잠겨 있다고 하여 비롯된 이름이다. 그리고 은선대와 마주하고 있는 12폭포가 가장 기묘한 장관이다. 12층의 폭포가 겹겹이 쌓인 벽 중간에 맑디맑은 물이 흐른다. 매산梅山 홍직필洪直弼(1776-1852)은 은선대에서 바라본 주변 풍광에 압도되어 눈이 휘둥그레졌다. 그리고 이 근방에는 봉우리 중 가장 높은 만경대가 있다. 추강秋江

隱僊臺望
十二瀑

영랑호(북강원도 고성군 소재), 《조선향토대백과》(2006년)

작자미상, 《금강산도권》 중 〈현종암〉, 조선 후기, 국립중앙박물관

남효온南孝溫(1454-1492)이 금강산 유람 중, 길을 안내하는 승려에게 만경대 안내를 청했을 때 승려들 모두가 만류했을 정도로 오르기 험하고 높다. 이이가 19세 때 금강산을 유람하면서 만경대에 올랐을 때도 산골이 깊어 승려들도 모를 정도였는데, 막상 올라 보니, 온 사방을 모두 환하게 볼 수 있는 곳이라 했다.

외금강이 위치한 고성 해변에는 영랑호永郎湖·해금강·감호 등의 비경이 있다. 외금강을 유람한 선비들은 동해의 절경과 관동팔경을 함께 유람했다. 영랑호는 현 속초시의 영랑호가 아니라 북강원도 고성군에 있는 영랑호이다. 삼면이 산에 둘러싸여 있고 동쪽으로 바다에 닿아 있어 매우 기이한 경치를 이루고 있다. 영랑호 동쪽 가에는 현종암懸鍾巖이 있는데, 기이한 암석에 구멍이 뚫려 있는 것이 종을 매달아 놓은 것과 같다고 해서 붙여진 이름이다.

해금강은 금강산 줄기가 바다로 들어간 것과 같다. 기암과 가파른 절벽이 바닷가를 둘러싸고 있고, 그 사이에 푸른 소나무가 있는데 마치 금강산과 같다고 하여 붙여진 이름이다. 선비들은 해변에서 해금강을 조망하는 것에서 그친 것이 아니라, 배를 타고 들어가 유람하였다. 해금강 주변에는 바다에 맞닿아 있는 석호인 감호鑑湖가 있다. 흰 모래와 푸른 소나무가 둘러있는 것이 절경이다. 감호 위쪽에 구선봉九仙峰이 있는데, 우뚝우뚝 솟

그림 34 김하종, 《해산도첩》 중 〈해금강〉, 1815년, 국립중앙박물관

그림 35 해금강 일대의 감호와 구선봉, 강원특별자치도DMZ박물관

은 모양이 기이한 암석 덩어리 같다. 해금강 바다 가운데는 칠성봉七星峰이 있는데, 옛 이름은 입석立石이다. 곳집 같은 것 7개가 칠성七星과 같은 형상이라서 붙여진 이름이다. 해금강 북쪽에는 험준한 기암으로 되어있는 군옥대群玉臺가 펼쳐져 있는데 그 모습이 장관이다.

선비들의 관동유람 경로가 각기 다르고, 유람한 장소의 선후 관계가 천차만별이긴 하나 회양의 내금강, 고성의 외금강과 해금강 등을 유람한 후 관동팔경을 찾아 나섰다. 관동팔경 중 가장 북쪽에 있는 것이 흡곡의 시중대侍中臺이다. 시중대의 원이름은 칠보대七寶臺였다. 세조 때 순찰사로 왔던, 압구정狎鷗亭 한명회韓明澮(1415-1487)가 이곳에 올랐을 때, 마침 우의정右議政으로 임명한다는 왕명이 이르렀기 때문에 '시중대'로 이름을 고쳐서 기쁜 뜻을 표시하였다고 전한다. 삼면이 모두 호수인데, 조수가 밀려와 모래섬을 적시며 삼각주를 돈다. 그 속에 7개의 작은 섬들이 수풀처럼 열을 지어 있다. 이 섬 중 천도穿島는 흡곡을 유람하는 사람들이 시중대와 함께 유람하던 명소였다. 성현은 시중대에 올라 탁 트인 호수와 동해의 풍광을 바라보며 마치 신선세계에 온 것 같다는 감흥을 느꼈다.

시중대를 본 선비들은 통천의 총석정을 유람하기 위해 남하했다. 총석정을 보기 위해 남하하는 도중에는 통천의 기이한 볼

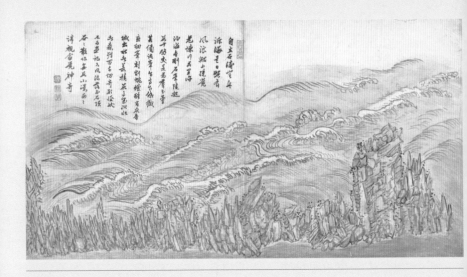

그림 36 정수영, 《해산첩》 중 〈해금강 군옥대〉, 1799년, 국립중앙박물관

그림 37 작자미상,《금강산도권》 중 〈시중대〉, 조선 후기, 국립중앙박물관

거리인 옹천瓮遷과 금란굴金欄窟이 있어서 선비들이 수시로 유람했다. 총석정은 총석에 있는 누정의 이름이고, 총석은 해안의 주상절리柱狀節理이다. 육면六面으로 깎여 있는 수십 개의 돌기둥이 해저에 꽂혀 있는 모양에서 유래한 이름이다. 총석정은 관동팔경의 한 곳이기도 하지만, 이곳의 절벽과 바위가 신기하고 아름다워 이곳을 '통천금강通川金剛'이라고도 한다. 생긴 것이 변화무쌍하여 유람객들의 감탄을 자아내기 충분했다. 잠곡潛谷 김육金堉(1580-1658)은 총석의 모습이 방정하고 굳세어서 그 성품을 하늘이 내린 것이라 감탄했다.

육지에서는 총석의 절경을 제대로 감상할 수 없어 바다에 배를 띄워 감상하였다. 육지에서 총석을 감상하려면 총석정 북쪽에 있는 환선정喚仙亭에서 조망하는 것이 제격이었다. 하서河西 김인후金麟厚(1510-1560)는 배를 타고도 구경했고, 육지에서는 환선정에 올라 총석을 바라보았다. 김인후는 총석을 미인에 비유하며, 자신의 옷깃이 이 미인에게 끌릴까 근심이 된다고 할 정도로 풍광에 매료되었다.

총석정을 유람한 후에는 남하하여 고성의 삼일포를 찾았다. 삼일포는 돌섬 36봉이 둘러싸고 있어 기이한 경치를 이룬다. 신라 때 사선四仙으로 불리는 화랑 네 명이 이곳에서 삼 일을 노닐었다고 하여 명명되었다. 삼일포 가운데의 섬에는 사선정四仙

김하종, 《해산도첩》 중 〈총석〉, 1815년, 국립중앙박물관

총석정 뱃놀이, 일제강점기, 강원특별자치도DMZ박물관

亭이 있었다. 남쪽의 단서암丹書巖에는 붉은 글씨로 '술랑도남석행述郞徒南石行' 여섯 자가 새겨져 있었다. 삼일포를 유람하는 선비들은 배를 타고 사선정에서 노닐고, 반드시 이 글씨를 보고자 했다. 삼일포 서쪽에는 4선이 춤을 추고 놀았다는 무선대舞仙臺가 있고, 북쪽에는 파도가 치고 있을 때 돌의 형상이 사자와 같다는 사자암獅子巖 등이 있다. 신익성은 고성군수 이극포李克浦의 도움을 받아 삼일포에 배를 띄워 사선정에 올라 술을 마시며 놀았다. 신익성과 같이 고성의 삼일포 등지를 유람했던 선비들은 대부분 고성군 관아에 들러 유람에 도움을 받거나 하룻밤을 묵어 갔다. 특히 고성군 객사에 있던 해산정海山亭은 또 하나의 볼거리를 제공해 주는 곳이었다. 해산정에서 바라보이는 외금강의 경치가 일품이었기 때문이다. 고성은 바다를 끼고 있는 덕에 풍광이 뛰어나며 사선정이나 해산정 외에도 대호정帶湖亭·일승정一勝亭·어풍정馭風亭·감호당鑑湖堂·비래정飛來亭·칠송정七松亭·쌍벽정雙碧亭·망악정望嶽亭 등 수려한 경관을 자랑하는 누정이 부지기수였고, 유람객들이 그냥 지나치지 못하는 곳이었다.

삼일포를 유람한 선비들은 고성에서 다시 남하하여 간성의 창간역으로 행로를 잡았다. 청간정을 유람하기 위해서다. 청간정이 있는 곳은 현재 남한의 고성군이다. 남한의 고성군 일대는 조선시대 간성군에 해당하는 곳이다. 청간정은 간성군 청간역

삼일포, 일제강점기, 양구근현대사박물관

정선, 《신묘년풍악도첩》 중 〈해산정〉, 1711년, 국립중앙박물관

에 속했던 정자였다. 청간역은 바다와 연접해 있었는데, 이 역에는 청간정 외에 '만경루'라는 누정도 있었고, 기암괴석의 만경대萬景臺가 있었다. 청간역은 유람객들이 묵어가는 장소였으므로, 청간정은 만경루·만경대와 함께 동해를 조망하고 즐길 수 있는 유람의 적지였다.

청간정은 설악산에서 흘러내리는 청간천과 바다가 만나는 구릉 위에 위치한다. 여기서 바라보는 동해안의 풍경은 일품이다. 특히 일출과 낙조, 달밤의 정취 또한 시인 묵객의 심금을 울렸다. 신익성은 유람 중 청간정에서 유숙하며, 만경대에 올라 달빛에 취해 돌을 베고서 누워 "이 밤, 이달은 천하가 함께하는 것이지만 나처럼 만족스럽게 바라보는 이는 없을 것이다"라고 달밤의 정취를 극찬했다. 윤휴도 "30여 리를 와서 한 곳에 다다르니, 붉은 기둥으로 된 높은 누각이 바다를 향하여 있고 어촌이 저자를 이루고 있었는데 구름과 물이 시야를 가득 메웠다. 말에서 내려 난간에 올라 보니 마음까지 시원하였다"라고 하며, 청간정의 위치에서 바라보는 주변 풍광의 수려함을 극찬했다. 청간정은 1884년 갑신정변 당시 불에 타버린 뒤 그대로 방치되었다가 1928년 토성면장 김용집金鎔集의 발의에 따라 현재의 위치로 옮겨서 재건한 것이다. 원래의 위치는 청간정 옆 군사시설 보호구역 내 만경대 옆이다.

그림 42 강세황, 《풍악장유첩》 중 〈청간정〉, 18세기, 국립중앙박물관

그림 43 청간정

간성에서 동해안을 따라 남하하면 우리나라에서 가장 아름다운 일출을 볼 수 있는 낙산사가 있다. 낙산사에서 일출을 가장 잘 조망할 수 있는 곳은 의상대義湘臺이다. 선비들은 낙산사를 그냥 지나는 곳으로 여기지 않았다. 낙산사에서 반드시 일출을 보고자 하룻밤 묵어 가곤 했다. 낙산사 여정이 담긴 선비들의 유람 기록을 보면, 대부분이 일출을 목도하고 감탄한 내용이다. 귤산橘山 이유원李裕元(1814-1888)은 낙산사에서 일출을 보고는 순식간에 혼돈의 세계가 열린다며 감히 머리를 들어 쳐다볼수 없다고 했다. 현대시조 작가 조현종(1906-1989)은 「의상대 해돋이」라는 시조를 지으면서, 의상대 일출을 천지개벽이라 표현했다. 조선의 선비 이유원과 같은 감정을 표출하고 있다. 선비들은 낙산사에서의 일출을 통해 자연의 위대함을 느끼고, 속세의 혼돈에서 벗어날 힘과 희망을 얻어갔다.

낙산사 다음의 주요 유람 장소는 강릉의 경포대였다. 경포대는 강릉에서 가장 빼어난 경치를 자랑하는 석호인 경포호 변에 창건된 누정이다. 고려시대에 관아의 누정으로 창건되었다. 경포호는 수면이 거울같이 맑아서 붙은 이름인데, '경호'라고도 하고 사람에게 유익함을 준다고 해서 '군자호君子湖'라고도 한다. 호수 한가운데 자리 잡은 바위는 각종 철새가 깃드는 곳으로 새바위라 하며, 노론의 영수 우암尤庵 송시열宋時烈(1607-1689)

그림 44 정선, 〈낙산사〉, 조선 후기, 국립중앙박물관

그림 45 작자미상, 《금강산도권》 중 〈경포대〉, 조선 후기, 국립중앙박물관

이 쓴 '조암鳥巖'이라는 글씨가 남아 있다. 경포대가 유명한 것은 경포호와 주변 지역의 수려한 자연경관이 잘 어우러진 우수한 조화미調和美 때문이었다. 대문장가인 계곡谿谷 장유張維(1587-1638)는 경포대와 자연경관의 조화가 조선의 산수 중 최고라 극찬하였다. 경포대 유람은 생각만으로도 선비들의 가슴을 설레게 했다. 특히 경포대에서 달을 감상하는 것은 빼놓을 수 없는 볼거리였다. 그윽한 정취가 묻어나는 야밤에 배를 띄워 술을 마시며 달을 감상하는 것은 유람의 백미 중 백미였다. 정철은 경포호에 도착하자마자 호수에 배를 띄웠다. 그때의 소회를「관동별곡」에서 "배 한 척 띄워 내어 정자 위로 올라가니/강문교넘은 곁에 대양이 거기로다/조용하다 이 기상, 아득하다 저 경계/이보다 갖춘 데 또 어디 있단 말인가"라고 읊으면서, 경포대를 관동 경치의 제일로 꼽았다. 경포대는 일일이 언급하지 못할정도로 수많은 시인 묵객과 유람객에게 찬탄과 사랑을 받았다.

선비들은 경포대 유람의 여운을 뒤로하고 다음 여정의 목적지인 죽서루를 찾아 나섰다. 죽서루는 고려시대에 창건된 이래 관동팔경 중에서도 경포대와 함께 수려한 경치로 수위를 다투는 곳이었다. 죽서루는 삼척부 객사客舍였던 진주관眞珠館의 부속 건물이었다. 주로 손님 접대와 관리들의 휴식, 그리고 연향을 위한 장소로 활용되었다. 관동팔경은 모두 바다와 연접하여

그림 46 경포대와 경포호, 강릉시청

그림 47 경포대에서 바라본 경포호 야경

경관을 구성하고 있는데, 죽서루만은 오십천을 끼고 있다. 허목은 삼척부사 재임 시절 바로 이점에 주목하였다. 죽서루는 강물이 감돌아 흐르는 물가 바위 절벽 위에 있어 그것이 만들어 내는 경치는 다른 관동팔경에서 볼 수 없는 독특한 아름다움을 가지고 있다고 평하고, 죽서루에 힘찬 필치로 '제일계정第一溪亭'이라는 현판을 남겼다.

죽서루는 곧잘 연향을 베푸는 자리로 바뀌곤 했는데, 특히 유람객들은 삼척부사와 함께 죽서루에서 연향의 밤을 즐겼다. 삼척부사 간옹艮翁 이헌경李獻慶(1719-1791)이 달밤에 손님들과 기생을 불러 죽서루에서 음악을 펼쳐놓고 한껏 연회를 즐긴 일을 시로 남겼는데, 그때의 일이 생생하게 묘사되어 있다. 시의 내용을 보면, "반갑게 만난 여러 사람과 촛불을 밝히니 그들이 있는 죽서루는 순식간에 속세와 완전히 단절된 곳으로 변한다. 반가운 이들이 있고 음악과 아름다운 산수가 있으며, 가을의 밝은 달과 별들이 술잔과 술독에 비치고 있다"는 환상적인 내용이다. 죽서루 아래 오십천에서의 뱃놀이도 빼놓을 수 없는 즐거움이었다. 풍광 좋은 곳에서 뱃놀이를 즐기는 풍습은 조선 어느 고을에서나 행해졌던 선비들의 고상한 풍류였다. 선비들은 북송北宋의 문장가 소동파蘇東坡의 「적벽부赤壁賦」를 삶 속에서 구현하고자 했다. 밝은 달밤에 좋은 벗들과 배에 올라 시와 술을 즐

그림 48 강세황,《풍악장유첩》중 〈죽서루〉, 18세기, 국립중앙박물관

그림 49 오십천과 죽서루, 허목의 '제일계정第一溪亭' 현판

기는 것이 주요 내용이었다. 죽서루는 다른 관동팔경에 비해, 죽서루만의 색다른 아름다움과 즐거움이 있어서 많은 유람객이 선호하는 장소였다.

죽서루 다음의 관동팔경 유람 코스는 울진의 망양정과 평해의 월송정이다. 이 두 곳은 현재 경상북도에 소재하고 있지만, 조선시대에는 강원도에 속한 군현이었다. 망양정은 고려시대에 울진군 기성면 망양리 해안가에 처음 세워졌고, 1471년(성종 2) 평해군수 만계灣溪 채신보蔡申保(1420-1489)가 망양리 현종산縣鍾山 남쪽 기슭으로 이전하였다. 이후 이건과 퇴락을 거듭하다가 1860년경 현재의 위치인 울진군 근남면 산포리에 건립되었다. 전해 오는 이야기에 따르면, 관동팔경이 울진에는 한 곳도 없는데, 평해에는 월송정과 망양정 두 곳이나 있어 울진현령 이희호李熙虎가 그 하나를 나누어 달라고 해서 1860년 지금의 자리로 옮겨 세웠다는 것이다. 지금도 망양리 현종산 기슭에 망양정 옛터가 있고, 지역주민 및 탐방객의 쉼터와 선인先人들의 정취를 느낄 수 있도록, 2015년에 정자를 새로 건립해 놓았다.

선조 때 아계鵝溪 이산해李山海(1539-1609)가 평해로 유배와 있을 때 망양정에 올라 "하늘은 푸르고 바다는 깊어 그 크기가 밖이 없고, 그 넓이가 가히 없고 그 깊이가 끝이 없음을 본 뒤에야, 비로소 평생의 장관을 유감없이 다하여 호호탕탕한 흉중이

그림 50 이방운, 〈망양정〉, 18세기, 국립중앙박물관

그림 51 산포리 망양정과 동해,

그림 52 망양리 옛 망양정 터

예전과는 사뭇 다른 듯 느껴졌다"고 할 정도로 그 빼어난 경관에 감흥을 받았다. 숙종은 강원도관찰사에게 관동팔경을 그림으로 그려 오라고 하여 감상한 뒤, 그중 망양정이 가장 아름답다고 극찬하면서 '관동제일루關東第一樓'라고 쓴 친필 편액을 내렸다고 한다. 나재懶齋 채수蔡壽(1449-1515)는 관동의 누대 중에서 망양정을 으뜸으로 쳤다. 정철은 망양정에 올라 파도가 바위에 부딪치며 내는 우레 같은 소리와 파도의 포말에 압도당했다. '망양望洋'이라는 뜻처럼, 망양정은 드넓은 동해를 조망하기에 가장 좋은 유람 명소였다.

관동팔경의 마지막 유람 코스, 또는 경상도 쪽에서 북상하는 유람객의 첫 번째 관동팔경 유람 코스는 평해의 월송정이었다. 현재 울진군 평해읍 월송리 동해 변에 위치한다. 조선시대 평해읍은 울진군과 독립된 평해군으로 존재했으나, 1914년 울진군 평해면으로 편입되었다가 1980년 울진군 평해읍으로 승격하였다.

월송정의 창건 시기는 정확히 알 수 없고, 고려말에 활동했던 안축과 이곡의 시에 등장하는 것으로 보아, 고려말에 이미 정자가 있었던 것으로 보인다. 첫 건축 위치도 알 수 없고, 조선 후기에 그려진 모든 월송정 그림을 보게 되면 성곽의 문루로 표현되고 있다. 이 성곽은 월송포진성이다. 월송정은 고려시대

에 처음 지어진 이후 조선시대 월송포진성이 건립되면서 성의
문루로 사용되었던 것으로 확인된다. 이후 포진성의 문루 월송
정은 1933년 평해읍 월송리 302-3번지로 옮겨졌으나, 일제강
점기 월송에 주둔한 해군이 적의 표적이 된다고 하여 철거하였
다. 1969년 다시 신축했는데, 1979년 울진군에서 이를 해체하
여 1980년 현 자리에 새롭게 건립하였다.

월송정은 다른 관동팔경의 정자와 마찬가지로 동해에 인접
해 있어 바다를 조망하기에 좋다. 그러나 정자의 이름에 나타나

그림 53 전 김홍도필, 《해동명산도첩》 중 〈월송정〉, 조선 후기, 국립중앙박물관

듯이 월송정의 백미는 푸른 솔숲과 하얀 모래이다. 영조 연간에 편찬된 『여지도서輿地圖書』에 따르면, 성종은 우리나라의 정자 중에서 월송정을 으뜸으로 쳤다고 한다. 그 이유는 푸른 소나무와 흰 모래가 사시사철 변함없이 본래의 빛깔을 유지하고 있기 때문이었다. 강원도관찰사가 되어 월송정을 유람했던 성현도 월송정 주변의 하얀 모래사장과 푸른 솔숲을 주목하고, 사계절 내내 변치 않는 소나무의 절개를 흠모하였다. 경상도 영해 출신

그림 54 월송정과 솔숲

월송정에서 바라본 동해

의 학자였던 갈암葛庵 이현일李玄逸(1627-1704)은 젊은 시절 동해
의 푸른 바다를 유람하고 그 기운을 받아 기운찬 문장을 쓰겠다
는 포부가 있었다. 그러나 월송정에 올랐을 때는 그 꿈을 펼치
지 못한 채 이미 늙어 버린 나이였으므로, 육신을 벗고 신선을
따라 노닐고 싶은 마음이 생긴다고 토로했다.

　유람객들은 월송정에서 산수를 감상하는 즐거움을 느끼기
도 했고, 때로는 솔숲을 보며 절개를 다지기도 했고, 드넓은 바다를 보며 호연지기를 기르기도 했다. 특히 유람의 마지막 장소로 월송정을 택한 선비들에게는 여정의 아쉬움이 가장 많이 남는 장소였다. 유람을 마치고 돌아가야 하는 우울한 심사에 망망대해를 보노라면, 장구한 대자연 속에 떠도는 한 마리 하루살이 같은 자신의 존재에 인생의 무상함을 토로하기도 했다. 반대로 유람을 시작하는 선비들은 탁 트인 바다에 매료되어 앞으로 펼쳐질 신선 세계로의 장쾌한 관동 여정의 기대감에 부풀어 설렘을 주체하지 못했다.

여기서는 붓을 씻지 못하겠네_제술製述

금강산과 관동팔경을 유람한 선비들은 목도한 경치에 감탄을 금치 못했다. 그리고 그 감탄의 심정을 시문으로 담아냈다. 관동의 경치는 시문 창작을 쉴 수 없을 정도로 문학적 감흥을 자아내던 곳이었다. 모두 그랬던 것은 아니지만, 관동을 유람한 대다수의 선비는 수많은 시문을 창작하고 돌아왔다. 관동을 소재로 창작한 현존 시문은 이루 헤아릴 수 없을 정도로 많다. 선비들의 관동유람이 성행한 것도 있었지만, 관동에는 시문의 소재가 될 만한 수려한 경관이 어느 곳보다 많았기 때문이다.

선비들은 일찍부터 글쓰기 기운을 함양하는 좋은 방편이 산수 유람이라 생각했다. 서거정은 사마천의 문장변화가 출중한 것이 천하를 주유周遊하였기 때문이라는 옛사람들의 논평을 부정하였었다. 문장은 기운이고 때의 운수(시운時運)인데, 유람으로 인해 그것이 갑자기 변화된다는 선인들의 말을 믿지 않았다. 그러나 성현 등이 중국 명나라 사행 길에 동료들과 주고받은 시를 모아 편찬한 『관광록觀光錄』을 보고, 사마천이 유람을 통해 문장변화가 출중해졌다는 선인들의 논평이 옳다고 시인하였다. 유람이 작자의 창작력을 더욱 변화무쌍하게 만든 것으로 확신한 것이다.

조선 선비들은 서거정처럼 사마천의 고사를 인용하면서 유람 목적을 피력하였다. 사마천과 같이 호방한 기운을 얻어 그것을 문장으로 발휘하기 위해서 유람이 필요하다는 것이었다. 갈천葛川 임훈林薰(1500-1584)은 천하를 유람하며 호연지기를 기르는 것이 유가儒家에서 할 일이라 했다. 그는 사마천의 문장이 때를 가리지 않고, 만물의 형상이 출연한 듯 변화무쌍한 것은 유람에서 체득한 것이라 평했다. 이유원도 사람이 세상에 태어나서 오래 살려고 하는 것은 모두 욕심이 작용하기 때문인데, 이러한 욕심은 충족시킬 수 있지만, 문장에 대한 욕심은 쉽게 충족시키지 못하며, 산수에 대한 욕심은 더욱 더 충족시키기 어렵다고 했다. 그리고 산수는 명산대천을 가리키는 것이고, 문장 또한 여기에 있는 것인데, 오직 사마천만이 명산대천을 두루 유람하고 잘 활용하였다고 했다.

조선의 선비들에게 시문을 짓는 제술製述 능력은 기본 소양이자 평생 수련해야 하는 과제였다. 과거 합격을 위해서도 필수적 요소였지만, 관직에 나아가서도 경연經筵 등에서 국왕과 글을 주고받아야 했고, 외국 사신들이 오면 이들과도 시를 주고받아야[수창酬唱] 했다. 그러므로 관료들은 문기文氣 함양을 위해 항상 골몰하였다. 유람은 문장 능력을 함양하는 좋은 방편 중 하나였다. 1542년 자유子游 어득강魚得江(1470-1550)이 명나라 사신과 시문을 주고받을 것에 대한 대비책을 국왕에게 제시하였는데, 시문에 뛰어난 젊은 인재들을 골라 전국을 유람시켜야 한다고 주장했다. 어득강은 매월당梅月堂 김시습金時習(1435-1493)과 사마천이 유람을 통해 문기를 크게 배양한 예를 들며, 젊고 시문에 뛰어난 사람을 뽑아 각 지방을 유람하게 하여 문기를 배양시킨다면 사신의 시문에 능히 응할 수 있을 것이라 하였다. 그리고 그 유람의 첫 번째 적지로 관동지역을 추천하였다.

즉 선비들은 유람을 여가와 휴양의 목적으로만 인식한 것이 아니었다. 이들의 산수 유람에는 항상 수려한 문장 창작 능력을 배양하고자 하는 목적이 겸해진다. 이 같은 양상은 선비들의 문예 특색으로 자리 잡았는데, 조선 후기 김창협·김창흡·이병연李秉淵(1671-1751) 등 소위 '농연農淵그룹'으로 불리는 이들에 의해 적극적으로 전개되었고 촉진되었다. 김창협은 지인 송남수宋枏壽(1537-1626)의 문집인 『송담집松潭集』에 발간 경위를 쓰면서 진짜 시[진시眞詩]가 무엇인지를 피력했다. 김창협은 시란 성품과 감정[성정性情]의 산물로, 오로지 하늘의 기운을 체득해야만 잘 표현할 수 있고, 문체와 율격에 얽매인 채 억지로 기교를 가한다면 진짜 시가 나올 수 없다고 주장했다. 그리고 산수 유람을 진정한 시인이 되는 배경 중 하나로 들고 있다. 김창협은 송남수의 시를 두고 하늘의 기운을 체득하여 성품과 감정을 한껏 담은 탁월함이 있다고 평했다. 그 이유는 송남수가 시로써 자연의 경치를 잘 구현했다고 보았기 때문이다. 그리고 모범이 되는 시의 성품과 기상은 배우더라도 모방에 치우치면 순수성과 개성이 상실된다는 것을 우려하였다. 이러한 김창협의 문풍 개조 정신은 김창흡과 이병연, 그 후예들과 여항閭巷(중인) 문인에게 계승되었고, 서울뿐만 아니라 전국의 문풍에 영향을 미쳐 많은 선비가 문예 창작을 위해 유람 길에 오르게 되었다.

조선 전기만 하더라도 선비들은 중국의 글을 모방했으며 조선의 산수보다는 중국 산수에 대한 동경이 있었다. 당시 명나라에서도 경제와 문화가 발달한 강남江南을 중심으로 유람이 유행하였고, 명말明末에 그 풍조가 최고조에 달했다. 명나라에서는 유람의 확산에 따라 산수유기 또한 왕성하게 창작되는데, 이것이 인쇄·유통되면서 대중적 독서물로 자리 잡게 되었다. 명의 유람 문화는 서적을 통해 조선에 전달된다. 1576년 신몽愼蒙이 편집한 유람안내서인 『명산승개기名山勝槩記』가 조선으로 유입되었다. 김수증과 김창협 등도 이 책을 구하여 읽었다. 원굉도袁宏道(1568-1610) 같은 명말 문인의 산수유기가 읽히는 등 조선에서도 명나라 산수유기 독서가 유행했다. 상촌象村 신흠申欽(1566-1628)은 명나라에 사신으로 갔다가 『서호지西湖志』를 구해 왔다. 이 책의 좋은 글귀를 골라 『와유청상臥遊淸賞』을 만들고, 나중에 증보하여 또 『남전유벽藍田遺璧』을 편저했다. 명나라의 문물을 동경했던 16-17세기 조선 선비들 사이에서 강남 열풍이 불었고, 조선의 산수 유람에도 큰 영향을 끼쳤다. 그러나 조선 선비들에게 명나라 산수 유람은 일생에 한 번 하기 어려운 것이었다. 혹여 명나라에 사신으로 가는 기회가 있으면 노정에 있는 산수나 북경 근처의 산수를 볼 기회가 있을 정도였다. 대부분 그림이나 서적을 통해 중국 산수와 조선 산수를 비교 평론하며 와유하는 것에 그쳤다. 대신 조선의 산수를 적극적으로 유람하고 느낀 감흥을 문장으로 담아냈다.

조선 후기로 갈수록 선비들은 조선 산수미 발견에 적극적이었고, 이를 문예 작품으로 표출했다. 조선 산수를 소재로 한 시문 창작이 활발해진 것이다. 이러한 의식으로 인해 조선 후기에는 유람의 여정과 감흥을 담은 산수유기와 유람시가 대량 쏟아져 나온다. 이 작품 중에서도 유람시가 단연 많은 수를 차지한다. 시는 자연경관을 표현하는 가장 우수한 문예물이라 인식하였기 때문이다. 최립은 강원도관찰사 학동鶴洞 이광준李光俊(1531-1609)이 금강산을 유람하고 쓴 글을 모은 책에 서문을 써주면서, 금강산 유람시가 '홍쟁소슬泓崝蕭瑟'의 경지, 즉 빼어난 금강산의 경치를 멋들어지게 시로 형상화한 것을 칭찬하고 있다. 더욱이 이것을 한 폭의 그림으로 그린다면 기가 막힐 것이라고 말했다. 이광준이 유람 중 본 경물을 시를 통해 세밀하게 형상화한 것을 극찬한 것이다. 당시 선비들에게 시는 산수를 묘사하고, 그것이 담고 있는 의미 또한 부각하는 문예물로 인식되고 있었다.

조선시대 이러한 산수 담론의 사조 속에서 시문 창작을 위해 가장 선호된 장소가 바로 관동이었다. 선비들 사이에서는 관동으로 유람을 나서거나, 어떤 기회에 관동의 경치를 구경한다면 수려한 문예 작품이 쏟아져 나올 수 있을 것이라는 큰 기대감부터 드러낸다. 장유는 택당澤堂 이식李植(1584-1647)이 간성군수로 부임한다고 하자 관동에서 노닐며 지을 시가 지면에 가득

할 것이라 확신했다. 월사月沙 이정귀李廷龜(1564-1635)는 강원아
사江原亞使로 가는 현기玄磯 이경엄李景嚴(1579-1652)을 전송하면서,
관동의 관리는 명산을 관장하는 것이므로 말 머리의 풍경에 붓
마를 때 없고, 재능이 출중한 시의 명성이 사마천을 이을 것이
라는 큰 기대감을 드러냈다. 장유와 이정귀같이 당대 문장가로
명성을 떨치던 선비들은 관동의 경치가 시상詩想을 불러일으키
기 더없이 좋아, 이곳을 대상으로 창작을 해 보아야 진정한 문
장가가 될 수 있다고 했다. 월정月汀 윤근수尹根壽(1537-1616)는 관
동의 수령으로 가는 조카인 치천稚川 윤방尹昉(1563-1640)에게 한
직으로 간다고 시름 말고, 산수가 좋은 곳에 가니 오히려 그곳
경치에 붓 휘둘러 솜씨 한번 발휘하면 문단에서 영웅호걸 노릇
을 할 것이라며 위로했다.

　금계錦溪 황준량黃俊良(1517-1563)은 매담梅潭 안공신安公信(1496-
1561)의 「유관동록」에 수록된 시를 평가하였다. 과연 안공신이
관동의 신선 세계와 같은 명승을 두루 본 후 문인들 사이에서의
명성이 숫돌에 간 칼날인 듯, 그 기운이 하늘을 찌르고, 시성詩聖
인 중국 당唐나라의 두보杜甫에 견줄 만한 주옥같은 시어를 지어
그 빛이 하늘을 꿰뚫을 만하다고 칭송하였다. 이는 안공신의 시
품詩品이 뛰어남을 평가한 것이기도 하지만, 관동을 유람한 후
시의 품격이 한층 높아졌음을 강조하고 극찬했다는 점에서 당

시 선비들에게 관동지역이 문예 창작의 장소로서 어떻게 인식되었는가를 짐작하고도 남는 대목이다.

문예 창작을 위한 관동유람의 열풍은 관동팔경 등 관동의 다른 산과 경치에도 고루 불었지만, 역시 최고봉은 금강산이었다. 김창협은 금강산 유람 후 8-9년 동안 헤아릴 수 없을 정도로 금강산 꿈을 꾸며 그리워했다. 이 밖에도 많은 선비의 문집에서 금강산을 향한 그리움을 엿볼 수 있다. 당시 금강산 유람이 성행한 것과 동시에 금강산의 기이한 풍광은 문학적 성정을 불러일으키는 최절정의 장소로 인식되었다. 이민구는 1631년에 자신이 금강산을 유람하며 지은 시는 청고淸高하고 초탈한 운치가 있지만, 도성으로 돌아온 뒤의 시는 그렇지 못하다고 자평했다. 이민구는 김창협보다 선대의 인물이지만, 이민구가 말하는 시 짓기의 원칙도 김창협의 주장과 대동소이하다. 눈에 들어오는 산수와 마음에서 나오는 성정이 합치되어야만 올바른 시가 나온다며, 산수미 발견을 중요시했다. 그리고 금강산 유람에서 돌아와 지은 자신의 시는 그렇지 못하다 평하면서 도재陶齋 윤흔尹昕(1564-1638)이 관동을 보고 지은 시야말로, 마음과 외물(경치)이 조화를 이루어진 시라고 호평했다. 이 또한 황준량과 같이 진정한 시상을 만들어 내는 경치가 금강산을 비롯한 관동에 있다고 평한 것이다.

금강산을 중심으로 한 관동 유람의 열풍으로 인해 조선시대에 창작되어 남아 있는 유람 기록은 금강산이 가장 많은 수를 차지한다. 유람시는 그 수가 얼마 되는지 짐작조차 할 수 없을 만큼 많다. 1928년에 발간한 『신민新民-금강산특집호』에 실린 한시만 해도 1,000여 편에 이르고, 이이가 단신으로 지은 금강산 시만 600구에 달한다. 이것 역시 금강산 시문을 망라한 것이 아니고 사장私藏되어 알려지지 아니한 것도 허다하다.

지금도 강원도 동해안의 관동팔경을 찾는 관광객들은 그 풍광에 매료되어 사진기나 스마트폰을 손에서 내려놓지 못한다. 조선 선비들에게 관동의 경치는 문학적 감성을 자극하는 소재였다. 아무리 써 내려가도 붓끝으로는 만에 하나 형용할 수 없는 금강산과 관동팔경의 기이한 경치는, 유람하는 선비들이 내내 붓을 씻지 못하도록 시를 짓고자 하는 생각을 불러일으키는 마력인 시마詩魔에 빠져들게 하였다.

4

낭만과 고통의 경계

이 좋은 날 흥이 없어서야_풍류風流

　선비들의 유람에서는 술과 음악, 놀이 등이 수반되었다. 유람은 일상의 권태로움에서 벗어나고자 하는 의도가 공존하였으므로, 관동과 같은 지상의 신선 세계에서 술을 마시며 멋들어진 풍류를 즐기는 것은 유람에서 빼놓을 수 없는 즐거움이었다. 유람에서의 멋과 운치가 있는 호방한 놀이는 풍류이자 낭만이었고, 이것이 볼썽사나워지면 유흥이었다. 유람 중 풍류를 즐기는 것은 노소老少 불문이었다. 당대 명망이 자자했던 대유학자들도 유람 중 술에 취하고 분위기에 들떠 나이를 잊은 채 덩실덩실 춤을 추며 유흥을 벌였고, 산중의 승려들과 술을 마시는 것도 다반사였다.

유흥은 유람을 시작하기 전부터 시작되기도 했다. 지인과 함께 유람을 약속할 때는 유람 시작 전, 우선 술로 회포를 풀었다. 그리고 유람 과정에서의 유흥은 물론, 유람을 끝내고도 여흥餘興으로 이어지는 경우가 많았다. 아무래도 혼자보다 여럿이 어우러져 함께 유람할 때 유흥의 빈도가 더욱 높아질 수밖에 없었다. 유람에서의 유흥을 위해서 술은 기본적으로 가져가거나 현지에서 조달해야 했고, 흥을 돋우기 위한 악공은 필수였다. 때로는 기생을 직접 데려가기도 하고, 유람하는 곳의 관기官妓를 부르기도 했다.

악공은 주로 피리를 연주하는 악공을 불렀다. 휴대가 비교적 간편하여 산길을 걸어가면서 연주가 가능한 것이 피리였기 때문이다. 선비들은 악공에게 피리를 불게 하고, 때로는 수발드는 종복으로 하여금 춤을 추게 하였다. 길을 가는 중에 피리를 불게 하는 것은 심한 피로감을 잠시나마 잊기 위해서였고, 춤과 노래의 반주를 위해서였다. 1603년 이정귀는 삼각산 유람에 피리 악공 억량億良을 데려갔고, 1743년 명암明庵 정식鄭栻(1683-1746)은 김윤해金潤海·현덕승玄德升 등 2명의 피리 악공을 데리고 유람 길에 올랐다.

유람에는 기생이 함께하는 경우가 많았다. 기생들은 보통 유람지의 수령이나 지인이 유람객 산행을 전후한 접대를 위해 많이 동원하였지만, 유람에도 함께 데려가는 경우가 있었다. 당시 기생 대부분은 춤과 노래의 기예를 함께 갖추고 있었다. 유람에 따라나섰던 기생들은 소리꾼과 악공을 겸하였다. 그리고 자신이 평소 아끼던 기생을 데려가기도 했는데, 술을 따르거나 춤을 추어 유흥의 흥취를 돋우고, 수발을 드는 역할을 했다. 때로는 밤 수청을 들기도 했다.

선비들의 주요 유람지인 산중에서의 유흥시간은 대부분 저녁이고 장소는 사찰이었다. 산중 유람의 숙소가 사찰이었기 때문이었다. 선비들은 유람 중 사찰에서 연회를 즐기는 것을 그리 흠이 되는 일로 생각지 않았다. 유람 중 가장 흔히 벌어지는 상황이었다. 사찰에 술자리가 만들어지면 악공들에게 피리를 불게 하고, 악공을 데려가지 않으면 범패梵唄(불교의 의식 음악)를 하는 승려들을 동원하여 연주시켜 흥을 돋웠다. 특히 절에 누각이 있으면 그곳에 올라 연회를 열었고, 야심한 밤 모두 대취하여 사찰에서 유숙했다. 승려들과 함께 술자리를 하기도 했다. 임진왜란 때의 의병장으로 유명한 송암松巖 양대박梁大樸(1543-1592)은 1571년 금강산을 유람하면서 산중에 동행한 승려들과 함께 술을 마셨다. 주영암珠纓巖에서 자신의 유람을 안내했던 능인암能仁庵의 승려 계은戒訔과 술을 마시고 있을 때 유점사의 주지 도

잠道쪽이 찾아와 함께 술을 마셨다.

산중 유흥에 이어 관동유람에서 가장 걸판진 풍류는 뱃놀이였다. 특히 관동팔경은 동해와 석호를 끼고 있어 유람객의 뱃놀이가 더욱 성행하였다. 해금강과 관동팔경 명소인 고성 삼일포, 통천 총석정, 강릉 경포호 등은 배를 타지 않으면 본연의 경치를 즐기지 못하였다. 금역당琴易堂 배용길裵龍吉(1556-1609)은 배를 타지 않으면 이곳의 진기하고 기괴한 풍경을 다 볼 수 없다고 했다. 그래서 이곳을 유람하는 선비들은 뱃놀이를 즐기며 주변 경치를 감상하였다.

뱃놀이는 단순히 경치를 즐기기 위한 것에서 유행한 것은 아니다. 불후의 명작으로 문장가들에게 널리 애송되고 문예 창작의 모범이 되는 작품으로 칭송받았던, 중국 대문장가 소동파의 「적벽부」 전래와 함께 그 문예 활동인 뱃놀이 재연이 조선 선비들 사이에서 유행했기 때문이다. 선비들은 소동파의 문장을 흠모하고 「적벽부」를 소재로 한 많은 작품을 쏟아냈다. 「적벽부」가 탄생할 수 있었던 뱃놀이는 조선 선비들의 심미적 풍류로 자리 잡았다. 소동파가 임술년壬戌(1082) 가을인 음력 7월 16일(기망旣望)과 겨울인 음력 10월 15일(망일望日)에 뱃놀이를 한 것을 모방하여 두 기일이 도래하면 조선 선비들은 너도나도 뱃놀이에 나섰다. 특히 소동파가 뱃놀이한 임술년이 되는 해가 도

정수영, 《해산첩》 중 총석정에서의 뱃놀이 부분, 조선 후기, 국립중앙박물관

래하면 뱃놀이가 더욱 성행했다. 두 기일 중 뱃놀이를 즐기기

좋은 계절인 7월에 더욱 성행하였다. 음력 10월은 추웠고, 음력

7월은 가을에 접어드는 절후라 유람하기에 최적기였다.

　소동파는 작은 배 한 척을 띄워 조촐하게 달밤의 흥취를 즐

겼다. 조선 사대부들의 뱃놀이는 대부분 조촐하게 이루어졌으

그림 57 전 김홍도필, 《평안감사향연도》 중 〈월야선유〉, 19세기, 국립중앙박물관

나, 기생과 악공 등을 동원하여 대규모 향락을 즐기며, 거금을 탕진하는 경우 또한 존재했다. 관인들이 지위를 이용하여 호화로운 뱃놀이를 즐기는 폐단이 발생하기도 했다. 뱃놀이는 놀이의 특성상, 기방妓房 등에서의 유흥, 삼삼오오 모여서 하는 도박등과 같은 향락처럼 내부에서 이루어진 것이 아니라 많은 사람이 보는 외부에서 행해졌던 고로, 사치스러운 모습이 더욱 크게 드러날 수밖에 없었다.

특히 평안감사가 부임하면 달밤에 부벽루 앞 대동강에서 뱃놀이하는 것이 하나의 관행이었다. 김홍도가 이를 그림으로 남겼는데, 평안감사가 탄 정자선 주변의 크고 작은 수많은 배에는 기생을 비롯한 수행원들이 타고 있고, 강가에는 백성들이 횃불을 들고 도열해 있는 모습을 볼 수 있다. 평안감사의 호화판 대동강 뱃놀이는 관례적으로 행해졌다. 사치스러운 뱃놀이는 개인이 사비로 하기에는 매우 어려운 것이었다. 평안감사라는 직위를 이용하여 관원과 관물을 이용하여 즐긴 것이다. 관동 유람객들도 수령들의 도움을 받아 조촐한 것으로부터 호화로운 것에까지 다양한 형태의 뱃놀이를 즐기기도 했다. 이러한 연유로 뱃놀이는 조선 후기, 소비와 향락 문화의 확산 속에서 도덕적 지탄을 받는 등 병폐 문화의 하나로 지목받기도 한다.

관동팔경 중 유람객의 요란한 뱃놀이가 행해졌던 대표적인

그림 58 삼척 죽서루
암벽의 '응벽담' 암각자,
가톨릭관동대학교박물관

곳은 오십천을 끼고 있는 죽서루였다. 죽서루 아래 오십천에는
물줄기가 암벽을 치면서 휘어져 고인 곳이 있다. 오십천이 돌아
나가는 이 공격사면 쪽 암벽 위에 죽서루가 있다. 바로 그 지점
에 물이 잠시 숨을 멈추어 못을 이루는데, '응벽담凝碧潭'이라 불
린다. 그만큼 죽서루 아래로 보이는 못이 맑고 아름다워서 붙여
진 이름이고, 응벽담에서 보는 죽서루의 암벽은 소동파가 뱃놀
이한 적벽을 방불케 하여 뱃놀이의 감흥을 불러일으키기 충분
했다. 신재愼齋 주세붕周世鵬(1495-1554)은 1529년 3월 강원도도사
江原道都事에 제수되어 관동의 명승들을 두루 돌아볼 기회를 얻

었다. 6월 그믐 저녁 삼척부사 윤세호尹世豪(1470-?)와 죽서루 아
래 오십천에서 뱃놀이를 즐기고 그때 느낀 감흥을 다음과 같은
시로 남겼다.

賢宰風流關尹公

어진 군수는 풍류로워 관윤공과 같고

嘉賓復有謫仙翁

아름다운 빈객은 또 이태백 같아라

沿崖列耀千銀燭

절벽 따라 천 개의 은빛 촛불 줄지어 빛나니

倒水翻驚萬玉虹

물에 거꾸러진 만 개의 옥 같은 무지개 놀랍네

天上樓臺燦星斗

천상의 누대에는 북두성이 찬연하고

江邊鼓角舞魚龍

강가의 음악소리에 어룡이 춤춘다

綵舟陪泛窮清賞

어른 모시고 어여쁜 배에 올라 즐기노라니

桑海堪哈一瞬空

상전벽해가 한순간의 헛것이라 웃을 만하다

주세붕이 이 시에 붙인 짧은 머리말[소서小序]을 보면, 이때의
풍광이 생생하게 묘사되어 있다. 주세붕은 성 서쪽으로 산보를
갔다가 날이 어둑해져 돌아왔다. 죽서루와 연근당을 잠시 둘러
본 뒤 오십천에 띄워 놓은 배에 올랐다. 죽서루와 연근당 처마
에는 등불이 매달려 마치 별이 반짝이는 듯 찬연히 빛났다. 절
벽에는 횃불을 늘어놓아 그 불빛이 강물 위로 쏟아져 내리는 듯
하였다. 노를 젓자 물 위에 비친 그림자들이 흔들렸고, 마치 옥
무지개가 강물에 거꾸로 드리운 듯하였다. 물 한가운데에서 상
앗대를 놓자 노래와 음악이 서로 다투어 연주되어 산골짜기에
울려 퍼졌다. 밤이 늦어서야 이 모임이 끝났다. 주세붕은 이렇
게 노닐었던 흥취와 그날 밤의 광경을 잊을 수 없었다. 조선시
대에 그려진 대부분의 죽서루 그림을 보면, 죽서루 절벽에 오십
천으로 바로 내려갈 수 있는 계단이 만들어져 있는 것과 오십천
에서 뱃놀이하는 이들의 모습이 그려져 있다. 지금도 죽서루 옹
벽담 위의 절벽에 삼척부사로부터 기생에 이르기까지 200여 명
의 이름이 암각자로 남아 있는 것을 보건대 오십천에서의 화려
한 뱃놀이는 상당히 자주 열렸던 것으로 보인다.

그림 59 이방운, 〈죽서루〉, 18세기, 국립중앙박물관

유람객이 연회를 열 때 접대는 주로 지방 수령들의 몫이었다. 수령들은 관할지에 유람하러 찾아오는 선비들을 접대하고 수행했다. 선비들은 수령들에게 유람에 필요한 여러 가지 도움을 받았다. 물론 수령이 친인척이거나 교분이 있었던 경우도 있었다. 그러나 이와 상관없이 유람객의 지위고하에 따라 수령들은 이들을 예우하며 접대하지 않을 수 없었다. 당시 유람객들 대부분은 전·현직 관료나 선비들이었으므로 수령들에게 임지를 방문하는 유람객 접대는 일종의 관행이었다. 특히 유람객이 수령의 친인척이거나 자신의 출세와 관련된 사람인 경우는 매우 후한 접대가 있었다.

수령들은 유람객들을 위해 숙식을 제공하고 주연을 베풀었으며 노잣돈을 보태 주기도 했다. 치재耻齋 홍인우洪仁祐(1515-1554)가 1553년 금강산을 유람할 때 철원 풍전역豊田驛의 친구 황찰방黃察訪에게 노자를 받았고, 통천군수와 양양부사에게 술 접대를 받았다. 김창협도 금강산 유람 중에 금성현령과 간성군수에게 노자를 받았다. 노자를 보태 주는 사람들과는 평소 교분이 있었고, 단편적인 사례지만 수령들의 유람객 접대 중에는 거마비車馬費 조의 금전적 접대도 있었다.

수령이 유람객을 직접 수행하거나 만나지 못할 때는 간접적으로 유람에 도움을 주었다. 김창협은 1696년 원주 지인의 장례식에 참석하던 중 춘천의 청평사淸平寺와 인제의 한계사寒溪寺를 유람하였는데, 춘천부사 남취성南聚星은 매일 문안했고, 횡성현감 조정하曹挺夏는 양식을 보내 주었다. 인제현감은 직접 만나지 못하자 아전들에게 김창협을 맞이하여 관아에서 접대하고 동헌東軒에서 묵을 수 있도록 조치하여 놓기도 했다.

수령들이 유람객에게 제공하는 가장 많은 접대는 술접대였다. 주로 관기官妓를 불러 주연을 베풀어 주었다. 허균은 1603년 벼슬에서 파직되어 외가인 강릉에 머물고자 가는 길에 금강산과 관동팔경을 유람하였다. 낙산사에서 유숙할 때 양양부사 홍여성洪汝成이 술과 기생을 보내 주자 다음과 같은 시를 지어 고마움을 표하였다.

明府多交誼

수령은 사귐의 정이 많아

淸樽映翠鬟

비색 산 맑은 술동이에 비치네

還將泛海意

바다에 떠갈 뜻을 가졌건만

携妓在東山

기생과 더불어 동산에 있네

선비들은 유람 중에 수령의 접대로 과거 알고 지내다 헤어졌던 기생을 다시 만나기도 했다. 신익성은 1631년 금강산과 관동팔경 유람 중 동해 일출을 보고자 낙산사에서 유숙했다. 이때 양양부사가 낙산사 경내에 있는 정자인 이화정梨花亭에서 술 접대를 했다. 일행은 대취해 술자리를 의상대로 옮기고, 고깃배가 도착하자 양양부사가 바다의 진미를 대접해 계속 술을 마셨다. 그리고 어린 기생이 부르는 송강 정철의 「관동별곡」을 들었다. 신익성 일행이 낙산사를 떠나 강릉의 우두대변牛頭臺邊이라는 곳에 도착하자 강릉의 관기 옥랑玉娘이 단장을 하고 기다리고 있었다. 옥랑은 신익성이 젊은 시절 강원도 평강平康에서 데리고 있던 어린 기생이었는데, 10년 만에 강릉에서 재회하게 된 것이다. 강릉부사가 옥랑을 보냈는지는 알 수 없으나, 옥랑이 관기인 것으로 보아 강릉부사의 배려가 있었던 것으로 보인다.

신익성은 선조의 딸인 정숙옹주貞淑翁主와 혼인한 부마駙馬로 동양위東陽尉에 봉해져 있었다. 그러므로 신익성이 관동유람 길에 오르자 수령들이 신경 쓰지 않을 수 없었다. 현직의 중앙 고관이 유람을 올 때는 지역 수령들은 더욱 각별한 관심을 보인다. 1603년 예조판서로 있던 이정귀가 금강산을 유람하였을 때는 고을의 모든 수령이 그를 수행하고 접대하려 했다. 이정귀는 함흥부咸興府에 있는 이성계의 부친 이자춘李子春의 묘인 화릉和陵 수리 책임을 맡은 봉심관奉審官으로 참석하였다가 돌아오는 길에 금강산을 유람하였다. 평소 가 보지 못한 금강산 유람을 위해 봉심관을 자청했다. 이때 당대 명필이었던 석봉石峯 한호韓濩(1543-1605)가 금강산 인근 흡곡현령으로 발령받았으므로, 이정귀와 함께 출발하였다. 이정귀는 한호에게, 최립이 간성군수로 있으니 화릉 수리를 마치고 난 후 모두 함께 금강산을 유람하자고 청했다. 이정귀가 금강산을 유람한다는 소식이 있자 함흥에 있을 때부터 한호와 최립, 통천군수 안창安昶이 매일 일정을 물어 왔고, 그 밖에 관동수령의 공문서를 가지고 일정을 묻는 자들이 줄지어 도착하였다고 한다. 이정귀가 함흥을 떠나 영흥에 도착했을 때 여진족이 종성부鍾城府에 침입하였다. 이정귀는 이 소식을 듣고 금강산 유람을 포기하려고 수령들에게 사과의 서신을 보냈다. 곧이어 여진족이 격퇴되었다는 소식을 듣고 유람을 재개하였으나, 흡곡현령 한호와 약속한 일정을 맞추지 못해 길이 어긋나 이정귀는 몇 명의 수행원과 금강산을 유람하였다.

이정귀는 금강산 유람 중 표훈사에서 원주의 도사都事 윤길

尹趓과 찰방 이여기李汝機, 강릉 집경전集慶殿 참봉 노승盧勝을 만나 동행했다. 이들은 이정귀를 만나러 왔다가 여진족의 침입으로 인해 도성으로 갔다는 소문을 듣고 자기들끼리 유람을 하던 중이었다. 단발령에는 강원도관찰사 이광준이 아들을 데리고 마중을 나와 있었다. 이광준은 도내를 순시하던 중 아들과 함께 금강산을 유람하고 있었다. 이때 이정귀가 왔다는 소식을 접하고 단발령에서 기다리고 있었던 것이다. 예조판서였던 이정귀의 유람에는 금강산 인근의 흡곡·간성·통천·회양·강릉의 수령들뿐만 아니라 원주에 있던 도사, 관찰사까지 수행하려 했다.

김창협은 진사시進士試 합격 후 21세 때인 1671년 금강산을 유람하였는데, 준비물이 고작 책 몇 권이었다. 그런데 김창협은 한 달간 금강산과 관동팔경을 유람하였다. 김창협이 간소한 준비물로 한 달여간 유람할 수 있었던 것은 지역 수령들의 도움이 있었기 때문이다. 가는 길인 금성에서는 현령 박빈朴鑌에게 음식 접대와 노자를 받았고, 회양부사 임규任奎는 김창협의 부친 김수항의 벗이었으므로 숙식을 제공하였다. 김창협은 처음 금강산만을 유람할 계획이었는데, 간성군수 권세경權世經의 도움으로 동해안의 삼일포와 총석정까지 유람할 수 있었다. 김창협과 권세경은 평소 아는 사이는 아니었으나, 권세경이 순찰사巡察使 일행의 문후를 위해 표훈사에 왔다가 우연히 김창협과 함께 묵게 되었다. 이때 김창협이 금강산을 유람하고 곧장 집으로 돌아갈 계획을 말하자, 권세경이 삼일포와 총석정 유람을 권하고 필요한 노자를 부담해 주었다. 삼일포도 고성군수 남파南坡 홍우원洪宇遠이 관아의 아전에게 명하여 준비한 배를 타고 유람하였다. 표훈사에서 권세경을 만난 후 이틀 뒤 순찰사 문후를 위해 온 홍우원을 유점사에서 잠시 만난 적이 있었다. 이에 홍우원은 산중에 있으면서도 아전을 시켜 김창협의 삼일포 유람을 위해 배를 준비해 주었는데, 권세경에게 김창협이 삼일포를 유람한다는 얘기를 들었기 때문이다. 김창협이 금강산을 유람할 때는 관로에 진출하기 전의 어린 나이었다. 평소 교분이 없었던 수령들의 후한 접대를 받을 수 있었던 것은 아버지인 김수항 때문이었다. 이때 김수항은 이조판서를 지내고 있었으므로 김창협은 수령들의 극진한 접대를 받을 수 있었다.

유람객이 수시로 드나들던 관동의 수령들은 이들의 유람을 직접 수행하거나, 접대를 위해 공물公物을 이용하는 경우가 많았다. 그러나 수령과 같은 관원이 현직에 있으면서 사사로이 유람하거나, 공물을 사용하는 것은 비판과 파직의 사유가 되기도 했다. 숙종 때에 강원도 지방 관원이 사사로이 역마를 사용해 유람하다가 관찰사가 파직된 사례가 있었다. 1701년 강원도사 이정규李廷揆가 횡성의 어느 선비를 데리고 산을 유람하면서 보안역保安驛의 말을 내어서 짐을 실어 날랐다. 이때 역의 찰방이 이 사실을 강원감영에 보고하였다. 그러나 당시 강원도관찰사였던 오류五柳 유이복柳以復(1653-1738)이 이를 묵살하고, 신임 관찰사에게도 보고하지 말도록 하였다. 그러나 감찰업무를 담당하던 장령掌令 정유점鄭維漸(1655-1703)이 이 사실을 숙종에게 보고하였다. 이 일로 이정규와 유람에 동행한 선비는 처벌받았고, 관찰사 유이복은 파직되었다.

관동은 유람의 명소였으므로, 수령이 유람객을 맞이하여 접대하는 일은 잦았다. 유람오는 선비들 대부분은 전·현직 관료이거나 상위층이었으므로 교분이 없어도 도움을 주고 접대해야 했다. 거마비 제공, 관아에서의 숙식 제공, 관기와 악공의 동원, 술 접대뿐만 아니라 유람을 함께 수행하기도 했다. 조정의 현직 고위 관료와 강원도관찰사 순시가 곁들여 이루어지는 유람에서는 수령들의 합동 수행이 이루어졌다. 빈번한 접대에 수반되는 비용과 물자를 수령들의 사비로 충당하기는 어려웠을 것이므로 공물을 이용하기도 했다. 관동의 수령들이 유람 온 선비들을 접대하는 것은 조선시대의 보편적 관행으로 자리하고 있었다.

Please, 이제 그만_폐단弊端

조선 선비들에게 관동유람은 환상적인 경치와 더불어, 유흥과 접대 등 그야말로 인생 최고의 즐거움으로 기억되는 것이었다. 그러나 그 즐거움은 누군가의 고통이 있었기에 가능했다. 그 누군가는 유람객을 조력하고 수발하는 등의 사역을 감당했던 이들이었다. 관동유람을 오는 선비들 당사자야 한두 번이지만, 사역을 감당했던 이들은 관동의 유명세로 인해 무시로 찾아드는 유람객들로 큰 고통을 겪었다. 수령이 유람객의 유흥과 접대에 신경을 썼다고는 했지만, 그것에 들어가는 품을 제공하며 고통을 겪은 실질적 사역자는 승려들과 지역민들이었다.

선비들의 관동유람은 짧게는 몇 날, 길게는 몇 달이 걸리는 여정이었다. 대부분의 유람처는 산중이었고, 산중에는 숙박시설이 없었으므로 사찰이나 암자 등이 유람객의 숙소로 이용되었다. 승려들은 유람객의 숙식을 제공하고, 수발을 드는 등의 사역을 감당해야 했다. 특히 승려가 산중의 길을 가장 잘 알고 있어서 산중 유람의 가이드를 맡아야 했고, 유람객들이 타고 다니는 가마를 메야 했다. 가이드는 산길에 익숙한 노승이 맡았는데, 손가락으로 길을 가리키는 승려라는 뜻에서 '지로승指路僧'이라 했다. 가마 메는 일은 젊은 승려들이 담당했고, 가마를 메는 승려라는 뜻에서 '남여승藍輿僧'이라 했다.

선비들은 평지에서 나귀나 말을 타고 유람하다가도 산중 유람에는 산길에 익숙한 승려들의 가마에 옮겨 탔다. 이때 이용되는 가마는 대나무로 엮었고, 지붕 없이 만든 비교적 간편한 가마였다. 이 가마는 '남여藍輿'·'순여筍輿'·'죽여竹輿'·'편여篇輿' 등으로 불렸고, 어깨에 메고 다닌다 해서 '견여肩輿'로도 불렸다. 남효온의 경우 1485년 금강산을 유람할 때 직접 걸어서 다니기도 했지만, 선비의 대부분은 나이와 관직 고하를 막론하고 산중 유람은 가마를 타고 했다. 김창협은 21살의 젊은 나이에도 금강산의 험준한 곳 모두 가마를 타고 유람하였다. 정선이 1711년 금강산의 백천교를 그린 그림을 보면 가마를 내려놓고 쉬고 있는 고깔 쓴 가마꾼 승려들과 나귀를 몰고 주인을 기다리며 대기하고 있는 종복들이 있어 당시 승려들의 가마 메는 모습을 여실히 보여 준다.

승려들이 유람용 가마를 메는 풍조가 언제부터 시작되었는지는 정확히 알 수 없으나, 이식은 산중 유람에 승려들의 가마를 타고 다니는 풍조는 양사언으로부터 시작되었다고 하였다. 이식이 금강산에 들어갔을 때 절의 승려에게 가마 메는 고통을 듣고 이런 일이 누구로부터 비롯되었는지 물었더니, 승려가 부사 양사언이라 하였고, 가마를 타지 않은 사람은 오직 진사 임

정선, 《신묘년풍악도첩》 중 〈백천교〉, 1711년, 국립중앙박물관

모뿐이라 했을 정도로 산중 유람에 승려의 가마를 동원하는 사
례는 비일비재하였다. 정약용의 시에 산중 유람에 동원되는 대
나무 가마가 줄을 이어 산모퉁이를 오른다고 할 정도였다.

이식은 양사언이 회양부사로 있으면서 금강산을 유람할 때 가마를 타는 풍조가 시작된 것으로 알고 있었다. 양사언이 회양 부사로 있을 때가 정확히 언제인지는 밝혀지지 않았으나 1574-1577년 사이다. 양사언은 회양부사 시절 금강산을 자주 드나들며 만폭동 바위에 그 유명한 '봉래풍악원화동천蓬萊楓嶽元化洞天' 8자를 새겼다. 이때 가마를 타고 금강산을 오르내렸던 것으로 보인다. 정엽도 산중 유람에 승려들의 가마를 타고 다니는 풍조는 양사언으로부터 시작되었다고 했다. 그러나 1544년 주세붕의 청량산 유람에 농암聾巖 이현보李賢輔(1467-1555)가 산중에 견여를 타고 주세붕을 찾아오고 있는 것으로 보아 양사언 이전부터 승려의 가마를 타고 산을 유람하는 것이 관습화되어 있음을 짐작할 수 있다. 이황도 1549년 소백산을 유람하면서 승려가 메는 가마를 탔다. 이황은 걸어 올라가고자 했으나 승려들이 의논하여 "견여가 아니면 안 되니, 전에 주태수께서 이미 타고 가신 고사가 있습니다"라고 하였다. 이는 주세붕이 청량산 유람에 가마를 타고 올라갔음을 말한 것이다. 결국 이황도 가마를 타고 걷기를 번갈아 하면서 소백산을 유람하였다.

선비들은 승려들을 가마꾼으로 동원하는 것을 당연시했다. 구전苟全 김중청金中淸(1566-1629)은 1601년 청량산을 유람할 때 승려에게 가마를 메게 하는 것은 나쁜 것이 아니므로 함께 간 친구에게 승려 2-3명을 데려오도록 하고 있다. 승려의 가마를 타고 유람하는 내용은 유람 기록에 거의 빠지지 않고 등장하고 있다. 유람에 승려들의 가마를 이용하는 것은 유람에 있어 상용화된 것으로 보인다.

그냥 오르기도 힘든 가파른 산길에 가마를 메는 것은 매우 고된 노역이었다. 선비들은 자신이 가마를 타면서도 가마를 메는 승려들을 안쓰러워하기도 했다. 1680년 범허정泛虛亭 송광연宋光淵(1638-1695)이 지리산을 유람하면서 승려의 가마를 타고 갔는데, 길이 몹시 비탈져 승려들이 한 번에 열 걸음 이상을 갈 수 없었다. 송광연은 이런 상황에서 가마를 타면서도 승려들을 지극히 불쌍하고 가엾게 여기고 있다. 최립은 자신의 금강산 유람에 가마를 메어 준 승려 행정行正에게 감사의 뜻으로 다음과 같은 시를 지어 주기도 한다.

白首尋山脚力微
늙은 몸으로 산 헤매기엔 다리 힘 부족하니
千峯一嘯計全違
천봉에 올라 어찌 휘파람 소리 한번 내 보리요
藍輿濟勝難稱快
남여 타고 등반하면 통쾌함 맛보기 어렵지만
賴汝翻詩疾若飛

그대 덕분에 나는 듯 빨리 달린다고 으스대네

— 『간이집簡易集』 권8, 동군록東郡錄,

「남여를 맨 승려 행정에게 감사의 뜻으로 지어 주다謝贈藍輿僧行正」

정엽은 금강산을 유람할 때 유점사 승려의 가마를 타고, "가마를 탔어도 피곤하여 견딜 수 없는데 가마꾼은 오죽하겠는가?"라고 하면서 가마꾼 승려의 고통을 말하고 있다. 정엽이 안문점에 이르자 장안사의 승려들이 가마 교대를 위해 기다리고 있었다. 그런데 장안사 가마꾼 승려가 모자라 부득이 유점사의 승려에게 다시 가마를 메게 하였는데 매우 괴롭게 여겼다고 한다. 가마꾼 승려는 유람객의 수에 따라 수십 명까지 동원되었다. 윤휴가 금강산을 유람할 때 안문점에 이르자 유점사 승려 50-60명이 와서 대기하고 있었다. 유점사 승려들이 윤휴 일행이 왔다는 소식을 듣고 가마 교대를 위해 기다리고 있었던 것이다. 금강산 안문점은 회양 내금강과 고성 외금강의 경계로, 승려들이 가마를 교대하는 장소였다. 이유원의 『봉래비서蓬萊秘書』에 "안문점에 오르면, 정상에 초막 하나가 있는데 가마를 교체하는 곳이다"라고 하였다. 금강산처럼 큰 산은 유람의 처음부터 끝까지 한 사찰의 승려들이 가마를 멜 수 없었으므로, 일정

구간에서 승려들이 교대했다. 유람객이 자주 찾는 산에는 사찰들이 유람객을 수행하는 구간을 나누어 놓았기 때문이다.

승려들은 가마 메는 것이 괴롭고 힘들어 뚱뚱한 유람객은 기피했고, 오르기 어려운 곳은 유람객에게 볼만한 것이 없다고 거짓말을 하기도 했다. 금강산을 처음 찾는 유람객이 높은 봉우리의 경치를 감상하고자 승려들에게 물으면, 승려 대부분은 곧바로 볼만한 곳이 없다고 했다. 가마를 메고 오르기 매우 힘들기 때문이다. 정약용의 『여유당전서』에 수록된 「견여탄肩輿歎」이란 시는 산중에서 가마를 메는 모습, 가마를 탄 사람의 기쁨, 가마꾼 승려의 고통을 구체적으로 묘사해 주고 있다.

人知坐輿樂

사람들이 가마 타기 좋은 줄만 알고

不識肩輿苦

가마 메는 고통은 알지 못하네

肩輿上峻阪

가마 메고 높은 비탈 오를 때는

捷若躋山麋

빠르기가 산 오르는 사슴 같네

…

快走同履坦

평탄한 곳처럼 신속히 달리어라

耳竅生風雨

귓가에 씽씽 바람이 이는 듯하네

所以游此山

이 때문에 산에서 노닐 적엔

此樂必先數

이런 즐거움을 반드시 먼저 꼽는다오

…

領吏操鞭扑

통솔하는 아전은 회초리로 지시하고

首僧整編部

우두머리 승려는 대오를 정돈하네

迎候不差限

영접하는데 시한을 어기지 않고

蕭恭行接武

가는 데는 엄숙히 서로 뒤따르네

喘息雜湍瀑

헐떡이는 숨소리 여울 소리에 섞이고

汗漿徹襤褸

헌 누더기 땀이 흠뻑 젖는구나

度巇旁者落

팬 곳 지날 땐 곁사람 빠져나가고

陟險前者傴

험한 곳 오를 땐 앞사람이 구부리네

壓繩肩有瘢

멜빵에 눌려 어깨엔 흠이 생기고

觸石跰未癒

돌에 부딪쳐 멍든 발은 낫지를 않네

自瘁以寧人

스스로 고생하여 남을 편케 함이

職與驢馬伍

당나귀나 말과 다를 것이 없구나

승려들은 특별한 품삯을 받는 것 없이 가마를 메고 다녔다. 가마꾼 사역에 종사해 봐야 선비들이 먹다 남은 쌀 등의 생필품을 사찰에 조금 남겨 두고 가거나, 시 한 줄 써 주는 것이 고작이었다. 품삯이라고 해 봐야 술 한 잔 정도였다. 반대로 사찰에서는 유람객 접대에 막대한 비용을 소진했다. 정약용의 『목민심서牧民心書』에 이러한 실태가 잘 나타나 있다. 고을 수령이 사찰에서 한 번 놀면, 동반한 사람들의 접대를 위해 사찰의 반년 생활비가 동이 난다고 하였다. 그리고 혹시 수령들이 비용을 충당해 주기 위해 사찰에 돈과 쌀을 주면, 수령이 절 밖을 나서자마자 아전과 관노들이 빼앗아 버렸다고 한다. 금계錦溪 배찬裵瓚(1825-1898)이 고을의 모 수령과 산을 유람하였는데, 암자에서 숙식하며 수령이 음식 경비를 자비로 충당한다고 하자 승려들이 은혜에 감사하고 덕을 칭송할 정도였다.

승려들은 사찰에서의 숙식 수발, 기생들과 함께 춤을 추기도 하는 등 선비들의 종과 같은 역할까지 해야 했다. 제호霽湖 양경우梁慶遇(1568-1638)는 지리산을 유람하면서 승려들에게 물놀이를 시키기도 했다. 폭포연瀑布淵과 북지당北池塘에 이르렀을 때, 따라온 노복이 승려들이 물놀이를 잘한다고 이르자 어린 승려 7-8명에게 물놀이를 시켰다. 승려들은 발가벗고 음부를 가린 채 시키는 대로 물놀이했다. 못 위에 있던 한 승려가 숲에서 나온 큰 벌에게 이마를 쏘여 땅에 쓰러져 울부짖자 흥이 깨져 자리를 파하였다. 윤휴는 금강산 유람 중 승려들에게 약초를 캐도록 시키기도 했다.

유람객이 사찰에 요구하는 작폐도 적지 않았다. 김육은 개성 천마산의 절 태반이 비어 있는 이유가 산중에 유람을 오는 사람들이 끊이지 않고, 이 중 무뢰한 자들이 사찰을 침탈하였

기 때문이라 하였다. 1589년 강원도관찰사 팔곡八谷 구사맹具思
孟(1531-1604)은 한계산 유람 중 한계사 터에 장막을 치고 머물렀
는데, 대찰이었던 한계사의 폐사 원인이 유람객 영접의 고통 때
문이라고 했다. 인제를 거쳐 가는 유람객은 반드시 한계사에서
투숙하였고, 승려들이 그 고통을 이기지 못해 절을 떠나 사찰이
비게 되었다는 것이다. 인조 때에는 역군役軍을 거느리는 어떤
군관이 사찰에 가서 가마를 내어 오도록 요구하며 승려들을 잔
인하고 혹독하게 대했고, 승려를 결박하여 마구 때리며 먹을 것
과 물품을 내키는 대로 요구하기도 하였다.

유람 사역과 접대는 지역민에게도 예외가 될 수 없었다. 관
동지방은 금강산과 관동팔경으로 인해 유람객이 끊임없이 찾
아왔으므로 유람 사역으로 인한 지역민의 피해가 다른 지방에
비해 특히 심했다. 이러한 폐해는 고려시대부터 쭉 있었다. 고
려 후기의 문신 졸옹拙翁 최해崔瀣(1287-1340)는 이와 같은 폐해를
직접 목도하였다. 이때는 고려 왕실의 명을 받고 사시사철 금강
산에 예불하러 오는 중앙의 관리들이 많았다. 관동의 관리들은
중앙관의 위세를 두려워하여 예불에 수반되는 큰 비용을 부담
하였고, 백성들을 접대에 동원하였다. 최해 자신도 금강산을 유
람하였지만, 이러한 상황을 목도한 후 선비들이 금강산을 유람
하는 것을 비루하게 생각했다.

접대에 시달린 관동의 백성들은 유람의 명승지인 금강산과 관동팔경이 있는 것을 한탄했다. 유람하는 사람은 일생에 한두 번이지만 관동지방의 관아에서는 연쇄적으로 찾아오는 유람객들의 향락을 제공하느라 사철 분주했다. 백성들은 접대 노역에 징발되어 농사의 시기를 잃는 등 폐단이 심하였다. 백성들은 자신이 사는 곳에 금강산과 관동팔경이 있는 것을 자랑스러워 하지 않았다. 오히려 원망의 대상으로 인식했다. 관동유람으로 인한 폐해가 점점 심해지자 정조 때에는 비변사備邊司에서 관동으로 파견되는 어사御史가 가서 규찰해야 할 규칙[사목事目]을 시달했는데, 첫 번째가 유람객으로 인한 폐해를 막으라는 내용이었다. 관동은 이름난 산수가 가장 많으므로 사찰과 민촌民村을 막론하고, 폐해를 끼치는 한양이나 외지 유람객을 발견하면 통렬하게 금단하라는 것이었다.

세태가 이러하다 보니 관동의 백성들은 유람 사역과 접대가 싫어 유람객이 자주 찾는 명승을 훼손시키기도 하였다. 고성 삼일포 절벽에는 영랑·술랑 등 신라의 화랑이 와서 놀았던 흔적인 "술랑도남석행述郎徒南石行"이라는 글씨가 5촌 깊이로 새겨져 있었다. 워낙 유명하여 유람객은 반드시 이 글씨를 보고자 하였다. 그런데 이중 '도徒'와 '행行'자는 백성들이 깎아내 희미해졌다고 한다. 백성들이 이 글씨를 보러 오는 유람객들을 접대하기 어려워 그리했다는 것이다. 그리고 강릉 해변에는 이름난 유람 장소인 한송정寒松亭 터가 있었다. 한송정은 신라시대에 만들었던 정자로, 신라의 화랑들이 유람하며 차를 달여 마신 곳으로 전한다. 창건된 이후 없어졌지만, 워낙 유명한 장소라 조선시대에는 그 터에 한송정을 상징하는 정자를 건립하여 놓았다. 그러나 유람객이 많이 찾아오는 것을 싫어한 백성들이 정자를 철거하였으므로 화랑이 차를 달이던 흔적인 돌절구와 돌우물만 남

그림 61 작자미상, 〈한송정〉, 광복직후, 강릉오죽헌 시립박물관

게 되었다고 한다. 심지어 금강산 신계사는 근처 역驛의 노비가 유람 오는 벼슬아치들을 따라 말을 몰고 험한 곳을 다니는 것을 괴롭게 여겨 사찰에다 불을 질렀다는 얘기도 전한다.

예나 지금이나 모든 여행에는 피로가 있기 마련이었다. 그러나 선비들이 유람 여정에서 오는 피로를 감내하며 편안하고 즐거운 유람을 할 수 있었던 것은 승려들과 백성들의 사역이 있었기에 가능한 일이었다. 이것은 비단 관동유람에 한정된 관행은 아니었다. 조선시대 모든 지역의 유람에 나타난 관행이었지만, 유람객이 가장 많이 찾던 관동지방이 특히 심하였다. 조선시대의 관동유람은 누군가에게는 평생 잊지 못할 즐거움이었고, 누군가에게는 평생의 고역 중 하나였다.

5

꿈에도 잊지 못할
여운을 남기고

이 여운 산수에 영원히 기리고파_각자刻字

　우리나라 명승지로 꼽히는 곳에 가면 누정이나 바위 곳곳에
인명이나 시 등의 한문 문구가 새겨져 있는 것을 쉬이 볼 수 있
다. 특히 인명이 많은데, 대부분 조선 선비들이 유람을 왔다가
새겨 놓은 것들이다. 새겨진 이름들은 유명 인사부터 무명의 선
비에 이르기까지 다양하다. 예로부터 이름났던 명승지의 바위
에는 빈틈이 없을 정도로 빽빽이 글씨가 새겨져 있는 것을 볼
수 있다. 예나 지금이나 우리나라 사람들은 어딘가에 자신의 이
름과 행적을 남겨 기념하길 좋아한다. 조선 선비들이 유람 장소
에 자신의 이름을 새겨서 남기는 것은 현재 방명록에 이름을 적

는 행위와 흡사할 정도로 보편화된 관행이었다.

돌이나 기물에 무언가를 새기는 것을 '각자刻字'라고 한다. 각
자 문화는 현존하는 금석문金石文을 통해 고대로부터 발달해 왔
음을 알 수 있다. 문자가 나오기 전인 선사시대에는 그림을 새
긴 각화刻畫가 있었고, 문자가 나온 이후에는 각자가 주를 이루
었다. 종이가 만들어지기 전에는 기록 자체를 주로 금속·돌·토
기·나무에 남겼겠으나, 종이가 나온 이후에도 금석에 글을 새
기는 풍조가 지속한 것은 현존하는 많은 비석이나 바위의 각자
등을 통해 알 수 있다.

금석에 각자하는 것은 이름을 비롯하여 인물의 행적이나 기
타 남기고자 한 내용을 보다 오래 기념하려는 의지에서 시작되
었다. 돌이나 금속에 글자를 새겨야 종이보다 멸실의 우려가 적
어 오래 보존할 수 있었기 때문이다. 안축의 아들 안종원安宗源
이 자신의 숙부 안보安輔(1302-1357)의 묘지명墓誌銘을 목은牧隱 이
색李穡(1328-1396)에게 지어 달라고 부탁한다. 장차 묘지명을 돌
에 새겨서 광중에 넣어 두고 영원히 기념하기 위해서였다. 안
보의 행적을 오래도록 남기고 싶었기 때문이다. 이유원은 사람
들이 금석에 글을 새기는 이유를 상고했는데, 비문을 돌에 쓰게
된 것은 제기祭器로 쓰이는 청동 솥(이정彝鼎)과 같은 용기가 점점
사라졌기 때문이고, 대체물로 썩지 않는 돌이 적합하기 때문이

라고 했다. 묘지명도 이름을 새겨 영원히 전해지게 하기 위한 목적으로 만들어지게 되었다는 것이다. 사람들은 후대에 남길 만한 공적과 이름 등은 썩지 않는 기물에 새겨 그 기록을 오래도록 전하고자 한 것이다. 1558년 조식이 지리산 유람 중에 바위에 새겨진 이름을 보고, "아마도 썩지 않는 돌에 이름을 새겨 억만년을 전하게 하려 한 것이리라"고 한 것으로 보아 자연 암석에 이름을 새기는 것도 이름을 후대에 영구히 남기고자 한 뜻임을 알 수 있다.

비석과 같이 돌을 다듬거나 성형 등의 인공미가 가미된 조형물에 새긴 글들은 대부분 작자나 새긴 연도 등이 구체적으로 나타나 있어 그 연원 파악이 쉽다. 그러나 암석 등 자연 그대로의 산수에 새겨진 글은 그 연원을 파악하기 어렵다. 전수조사가 이루어지지 않았지만, 전국에 산재한 암각자 대부분은 조선시대의 것으로 파악된다. 조선시대에 들어오면 유람의 여정과 감흥을 산수유기로 남기고 있고, 그 속에 자신이 유람하며 어느 곳에 무엇을 새겼는지, 유람 장소에서 본 각자들이 누구의 것인지를 기록하고 있어 조선시대 암각자는 출처 파악이 가능한 것이 많다.

그러나 조선시대 이전에 새겨진 암각자들의 연원은 구전□傳으로만 전하므로, 기록이 없는 한 알 수 없다. 그나마 구전을 통해서라도 전해오는 것과 현전하는 것도 매우 드물다. 현전하는 것 중 조선시대 이전에 새겨진 것으로 전해지는 각자들이 있긴 하지만, 조선시대 사람들도 그것이 언제 누구에 의해 새겼는지 판단하지 못했다. 지리산에 신라 최치원崔致遠(875-?)의 글씨로 전해지는 암각자가 여럿 있는데, 조선시대 지리산 유람객도 구전에 의한 것으로만 알고 정확한 전모를 밝히지 못했다. 최치원의 것이 맞느니 틀리니, 보는 사람마다 달리 평했다.

고성 삼일포 절벽에 새겨진 "술랑도남석행述郞徒南石行"이라는 각자도 조선시대 이전에 새겨진 것으로 알려져 있었다. 이곡은 삼일포 유람 중 이 글씨를 보았지만, 필자와 새긴 유래에 대해서는 고증하지 못했다. 이 각자는 조선 전기의 문인 야족당也足堂 어숙권魚叔權이 세속에서 전하는 내용을 토대로 고증한 바 있다. 삼일포 글씨는 원래 새겨 있던 것이 지워지고 훗날 사람들이 다시 여섯 글자를 새겼다고 했는데, 이도 누가 언제 새겼는지를 알지 못하고 의견이 분분하다고 했다. 다만, 우리나라 사람들은 명산이나 명승에 글을 쓰는 것을 좋아하지 않아 그나마 삼일포의 것이 진짜 필적이 아니라도 비교적 오래된 각자로보고 있다. 어숙권의 생몰년은 미상이나 임진왜란 이전의 문인이므로 어숙권의 해석처럼 조선 전기까지는 명승지에 각자하는것이 유행하지 않았던 것으로 보인다. 그러나 유람한 곳에 이름을 새겨 놓는 것이 예부터 전해 온 관례라고 하였다. 1537년 명나라 사신들이 평양 모란봉牡丹峯을 유람한 제명기題名記를 관찰사에게 부탁해 새기게 했는데, 글을 새기는 자가 잘못 새기고, 또 유람한 곳에 새기지 않고 다른 곳에 새겨서 세웠다. 이에 대해 어숙권은 옛사람이 제명석을 남긴 뜻이 아님을 비판하고 있다.

현재 '제명題名'의 사전적 의미는 시문 등의 표제나 제목을 일컫는 단어로 사용되고 있다. 그러나 이유원이 "제명이란 등람登覽했거나 심방尋訪했던 세월과 같이 유람한 사람을 기록한 글이다"라고 하여 조선시대에는 제명이 다른 뜻으로 사용되었음을 볼 수 있다. 즉 제명기는 유람한 일시와 동참했던 사람을 적어 놓은 글이고, 제명석은 이를 돌에 새겨 놓은 것을 말한다. 유람한 장소에 글씨를 쓴 사람 필체 그대로 제명을 새기는 전례는 예로부터 전해 온 것이었다.

조선 선비들의 유람 기록에는, 유람 장소에 새겨진 이름과 글씨를 확인했다거나 자신들 또한 새겼다는 내용이 빠지지 않고 나온다. 조선 후기로 갈수록 유람객이 늘어남에 따라 명승지에 새긴 글씨들이 누적되어 이름난 장소에는 일찍부터 헤아릴 수 없을 정도의 글씨들이 빼곡히 새겨지게 된다. 전국적으로 가장 많은 각자가 있는 곳은, 사람들이 가장 많이 유람했던 금강산과 관동팔경 일대이다.

명승지에 새겨 놓은 각자 중 조선 세간에 가장 큰 이목을 끈 것은 앞서 여러 차례 소개한 금강산의 양사언 글씨였다. 양사언이 회양군수로 있을 때 금강산을 자주 유람하면서, 발연 석벽의 '봉래도蓬萊島', 만폭동 금강문에 초서 대자로 '봉래봉악원화동천蓬萊楓嶽元化洞天'이라는 글을 새겨 놓았다. 양사언은 당대 제일의 명필로 알려졌다. 특히 초서로는 그를 앞설 사람이 없어 초서의 신선이라 이르기도 했다. 그는 글씨로 많은 전설을 남기고 있다. 만폭동의 '봉래풍악원화동천' 8자를 쓰고 나니 그 필력筆力 때문에 만폭동이 3일간 산울림을 했다거나, 만폭동 경치 값이 1,000냥이라면 그 가운데 500냥은 양사언의 이 글씨 값이라는 이야기가 생겨날 정도였다. 양사언의 이 글씨는 매우 유명해져서 후대 사람들의 금강산 유람 기록에 반드시 언급되었다. 그리고 이 글씨 옆에 다른 유람객들도 무수히 많은 글을 새겼다. 1631년 신익성은 금강산 만폭동 유람 중 양사언 글씨 옆에 새겨진 이름들을 보고, 너무 많아 다 기록하지 못할 지경이라고 했다. 만폭동은 1631년에 이미 유람객이 새긴 글씨가 무수히 많았음을 알 수 있다. 금강산에 각자를 유행시킨 것은 양사언으로부터 비롯된 것이라 해도 과언이 아니다. 1738년 금강산을 유람한 겸재謙齋 박성원朴聖源(1697-1767)의 기록에 의하면, 김수증도 만폭동 양사언의 글씨 옆에 팔분체八分體로 '천하제일명산天下第一名山'이라는 각자를 남겼고, 금강문 이후부터는 고금의 시나 글씨들로 인해 온전한 바위가 없었다고 한다. 그리고 특히 양사언의 글씨 뒤에는 유람객의 글씨가 더욱 빼곡히 쓰여 있어 후에 오는 자들이 쓸 자리가 없을 정도였다고 했다. 박성원도 일행들과 함께 금강문에 글을 써서 새겼다.

금강산뿐만 아니라 관동팔경과 주변의 명승지에도 무수히

그림 62 만폭동 양사언 글씨, 일제강점기, 강원특별자치도DMZ박물관

그림 63 삼척 죽서루 암각자 분포현황, 가톨릭관동대학교박물관

많은 각자가 있다. 삼척 죽서루의 절벽에는 조선시대 이곳을 유
람한 이들의 이름 200여 명이 새겨져 있고, 현 동해시 무릉계곡
일대의 암반에는 일일이 헤아리기 불가할 정도로 유람객들이
새겨 놓은 이름이 빼곡하다. 이름을 보면 수령 등 관원, 계원契
員, 무명의 지역 선비, 고을 아전, 기생 등 계층도 매우 다양하다.

무릉계곡에 새겨진 이름 중 가장 주목되는 것은 겸재 정선
의 이름이다. 용추폭포 앞 왼쪽 절벽에 '이병연李秉淵·정선鄭敾·
홍우기洪遇箕'라고 새겨져 있다. 정선은 1733년 현재의 포항인

청하淸河현감으로 부임하여 1735년까지 재임하면서 동해안 북쪽 흡곡의 시중대부터 울진의 망양정 등 관동지역 동해안 명승을 사생하고, 이때 사생한 그림을 토대로 1738년《관동명승첩》을 남기는데, 여기에 죽서루 그림이 포함되어 있어 삼척 지역을 다녀갔음이 확인된다. 현 동해시 무릉계곡은 조선시대 삼척부 소속이었다. 정선이 청하현감으로 오기 직전인 1732년 이병연은 삼척부사로 재임하고 있었다. 이병연은 1736년 4월까지 삼척부사를 지냈다. 정선은 관동지역을 사경을 할 때 삼척에서 평

생의 친구 이병연을 만난 것이다. 무릉계곡 금란정 주변 무릉
반석에는 1734년(갑인년) 3月에 새긴 이병연의 이름이 진보현감
(경북 청송) 홍우기洪遇箕(1685-?)와 함께 남아 있다. 이병연과 홍우
기는 김재현金載顯(1627-1700)의 사위 조정의趙正誼의 딸들에게 장
가들어 둘은 동서지간이다. 여기에는 정선의 이름이 함께 새겨
져 있지 않으나, 앞서 용추폭포에는 홍우기의 이름도 함께 새겨
져 있다. 정선의 무릉계 그림은 없지만, 이병연·홍우기와 함께
1734년 3월 무릉계를 유람한 것이다. 무릉계곡은 관동팔경에

그림 64 용추폭포에 새겨진 이병연·정선·홍우기 이름 3D, 동해시

드는 장소는 아니었지만, 조선시대에 유명한 명승지로 이름났던 곳으로, 1788년 김홍도도 이곳을 유람하고 그림으로 남겼다.

특정 장소에 각자가 몰려있는 것은 유람객이 많이 찾는 장소였음을 반증해 주기도 하지만, 선대의 제명이 새겨진 곳에 후대인이 다시 제명하는 풍조가 있었기 때문이다. 신분 고하와 시기를 막론하고 조선 선비들은 자신은 물론, 유람에 동행한 사람의 이름과 시를 새기고, 그것을 새겼다는 것을 유람 기록에 남겨 놓고 있다. 후대의 유람객들은 유람 중 글씨가 새겨진 것을 보면, 선대의 유람 기록과 대조하여 글을 새긴 사람의 유람을 회상하기도 했다. 이황과 같은 대유학자의 글씨는 제자들이나 후대 사람들이 유람할 때 찾아보고, 마멸을 우려하여 극진히 보호하였다. 이황은 1564년 제자들을 데리고 청량산을 유람할 때 치원암致遠庵 벽에 친필로 이름을 썼다. 1601년 한강寒岡 정구鄭逑(1543-1620)가 안동부사로 부임하여 청량산을 유람하다가 임진왜란 중 방치되어 퇴락한 치원암을 보았다. 유람 후 이황의 글씨를 보호하기 위해 치원암을 중수하고 글씨를 화판畫板으로 덮어 사람들이 더럽히지 못하게 하였다. 그런데 1670년경 이웃 고을의 수령이 이황의 글씨 다음에 자신의 이름을 나란히 써 놓자 지역의 선비들이 일제히 분노하여 그 수령을 퇴출해 버리려고 하였다. 그러자 그 수령이 두려워하여 다시 가서 자신의 이름을 깎아 버렸다고 한다.

그리고 유람객들이 유람 장소에 각자를 남기는 것은 후대의 표식으로 삼기 위함이었다. 인적이 드물고 험한 산중에 각자가 있는 것은 사람이 그곳을 올라다닐 수 있다는 증표였다. 박지원은 국내의 산들을 유람하면서 외지고 깊숙한 곳에 이를 때마다 세상 사람들이 오지 못한 곳을 자신만이 왔다고 자부하였으나 그런 곳마다 '김홍연金弘淵'이라는 이름이 새겨져 있어 화가 치밀어 오른다고 했다. 그러나 유람 중 산중의 험준한 바위를 딛고 두려운 곳에 오르면서 돌아가지 못할까 떨다가도 '김홍연'이란 각자를 발견하면 도리어, 마치 위험하고 곤경에 처했을 때 옛 친구를 만난 듯 기쁜 마음이 들어 힘을 내어 오르게 된다고 했다.

박지원이 말한 김홍연이란 사람은 험난한 곳을 가리지 않고 유람했고, 가는 곳마다 자신의 이름을 새겼다. 조선시대에는 김홍연과 같이 자신의 이름 새기기를 매우 좋아하는 호사가들이 있었다. 조선 후기의 문인 정식이 그러한 인물이었다. 정식은 일찍이 과거에 뜻을 버리고 산수를 유람하다가 만년에 지리산 덕산德山으로 들어가 무이정사武夷精舍를 짓고 은거하였다. 정식은 수석의 아름다움을 즐기고, 냇가와 조그마한 바위라도 눈을 둘 만한 곳이 있으면 반드시 자신의 이름을 새겼다고 한다. 반면, 어당悟堂 이상수李象秀(1820-1882)는 선비들이 금강산에 너도

나도 제명한 것을 보고, 불멸의 명성을 추구하는 데서 기인한다
고 하였다. 그리고 이름을 각자하는 것으로 명성을 얻을 수 없
으므로 내면의 성찰이 있어야 함을 촉구하며, 이름 새기는 것을
비판하기도 했다.

그림 65 구룡폭포의 '미륵불彌勒佛' 각자
사진, 일제강점기, 강원특별자치도DMZ박물관

유람객의 글씨를 돌에 새기는 작업은 주로 석공石工이 담당했고, 승려가 담당하기도 했다. 글씨를 전문으로 새기는 승려를 '각승刻僧'이라 했다. 각자는 현지의 돌 위에 유람객이 붓으로 직접 쓰거나 종이에 써 준 글을 석공에게 주어 새기게 했다. 절벽이나 위험한 곳에 새겨진 대형 글씨는 유람객이 종이에 쓴 것을 석공이나 각승이 받아다가 새긴 것이다. 특히 절벽에 대형 글씨를 새기려면 밧줄을 타고 내려가서 작업해야 했으므로 고난도 기술과 오랜 시간이 필요했고, 목숨을 건 위험한 일이었다. 금강산 구룡폭포 암벽에 구한말의 서화가 해강海岡 김규진金圭鎭(1868-1933)이 쓴 '미륵불彌勒佛'이라는 글자가 새겨져 있는데, 그 크기가 전국적이다. 각자는 금강산 유점사의 승려가 밧줄에 의지하여 3년에 걸쳐 새긴 것으로 전한다. 앞에 【그림 65】의 '미륵불' 글씨는 그 틈에 흰 석회를 발라 흰색으로 보이긴 하나, 조선시대 각자 대부분은 인주印朱를 발라 시각적으로 눈에 잘 띄게 하는 효과를 주었다. 조선시대 유람 기록에는 붉은색 글씨로 표현하고 있는 각자들이 많이 나타난다. 현존하는 각자는 시간이 오래 지나 인주가 지워져서 붉은색으로 보이지 않는 것이다. 경상남도 거창군의 명승인 수승대搜勝臺에는 아직도 인주가 지워지지 않은 각자가 있다.

돌에 글을 새기는 것은 기술과 시간이 필요한 일이기 때문에 유람에 석공을 대동하지 않고서는 유람 중 즉시 새기기는 어려웠다. 대부분 석공이나 각승을 시켜 후일에 새기도록 했다. 윤증이 1662년 금강산 비로봉 정상에 올랐을 때, 동행한 승려가 후일 그의 이름을 새겨 주기로 약속했으나 이를 지키지 않았다. 문인 권구權絿(1658-1731)가 윤증에게 금강산 유람 계획을 밝히자, 윤증은 비로봉에 오르거든 자신의 이름이 새겨져 있는지 확인해 볼 것을 부탁했다. 권구는 1710년경 금강산 유람을 다녀온 후 윤증이 금강산에 남긴 자취를 일일이 기록해 보내 주면서 비로봉에 새겨진 이름 가운데 윤증과 함께 가지도 않은 백부의 이름만 새겨져 있고, 윤증의 이름이 없다고 하였다. 승려가 윤증에게 이름을 새겨 주기로 한 약속을 어긴 것이다. 윤증의 백부 이름은 다른 사람이 새겨 넣은 것이다.

선비들이 바위에 각자한 것은 그곳의 지명, 그리고 시와 인명이 주류를 이루고 있지만, 문양이나 그림을 새겨 넣기도 했다. 현 강원특별자치도 화천군에 김수증이 농수정사籠水精舍를 짓고 은거한 화음동정사지華陰洞精舍址가 있는데, 김수증은 이곳을 수시로 거닐며, 바위에 태극도太極圖·팔괘도八卦圖·하도낙서河圖洛書와 같은 기하학적 문양을 새겨 놓았다. 그리고 동해시 무릉계곡 반석에는 지역의 금란계원金蘭契員들과 향란계원香蘭契員들이 유람하며 계원 명단을 새기고 그 위에 계를 상징하는 난초

그림 66 화천 화음동정사지 문양

그림 67 동해 무릉계의 난초 각화

강릉 경포대의 기문 현판

를 새겨 놓기도 한다.

조선 선비들이 유람처에 자신의 이름과 글을 남기고자 한 각자의 흔적은 누정기樓亭記에서도 나타난다. 유람 장소로 명성이 있는 명승지에는 누정이 상존한다. 관동팔경도 모두 누정을 중심으로 구성되어 있다. 누정은 주로 주인의 사색·글쓰기·강학 등에 사용되었고, 손님과 교유가 이루어지는 접빈接賓의 공간이었다. 특히 가장 경관이 좋은 곳의 중심에 위치하면서 주변 자연경관을 비롯한 다양한 볼거리를 끌어모으는 구심점 역할을 했으므로 유람객들은 누정에 올라 주변 풍광을 감상하며, 그곳의 유람이 불러일으키는 감회를 담은 시나 기문記文을 지었다. 선비들은 유람 중 누정을 찾아 그 누정 자체를 문학 작품의 주요 소재로 삼았다. 그러므로 유람하고 남긴 시 등의 문학 작품 중에는 누정과 관련된 것이 많이 남아 있다. 유명한 인사들이 지은 시나 기문은 지역에서 현판懸板으로 새겨 걸었다. 시간이 지날수록 누정에 다녀간 유람객이 많아지고, 그들이 지은 기문을 새긴 현판도 점점 늘어났다. 누정의 기문을 짓고, 새겨 거는 것은 근본적으로 선비들의 문예 활동에 기인한 것이지만, 지역의 누정에 걸린 외부 유명 인사의 기문 대부분은, 그 인사가 유람을 와서 남겨 놓은 것이다. 관동팔경 중 강릉의 경포대와 삼척의 죽서루는 누정 문학의 정수를 보여 주는 대표적인 곳이며, 이곳에는 당대 걸출한 선비들이 유람하며 읊었던 무수한 시문이 현판으로 남아 있다.

조선의 선비들은 선배 학자에 대한 추모, 명산에 대한 숭모 의식, 유람을 통해 발현한 기상 표현 등 다양한 이유로 전국 도처에 자신의 이름과 글을 새겼다. 이러한 풍조는 유람의 유행과 함께 더욱 확산하였다. 이들의 각자나 기문들은 수백 년이 지난 지금도 유람이 남겨 놓은 인공의 문화 흔적으로 평가받으며, 앞으로도 불후의 징표로 남아 전해질 것이다. 조선의 선비들이 누구 할 것 없이 자연 속에 자신의 이름과 글줄을 새긴 것은, 불멸의 명성을 남기려는 만용보다는, 이렇게 해서라도 언젠가 장구한 세월의 무심함 속에 한 줌의 티끌로 사라져 버리게 될 자신의 흔적을 산수 자연 속에 영원히 남겨 기리고픈 마음에서가 아닐까.

그 감흥 곁에 두고 오래 품으리_기록記錄

관동유람은 선비들에게 평생 잊지 못할 기억으로 남았다. 그만큼 유람에서 느낀 감흥의 여운 또한 오래갔다. 선비들은 관동유람에서 있었던 여정과 그 느낀 바를 글과 그림으로 기록하여 곁에 두고 와유를 즐기며 당시의 감흥을 끌어냈다. 통상 유람 여정을 글로 남긴 것을 산수를 유람하며 지은 글이라 하여 '산수유기山水遊記'라 하는데, 지금으로 말하자면 여행기라 할 수 있을 것이다. 조선 선비들 사이에서는 유람의 감흥을 시로 표현하는 것에 이어 산문이나 일기형식의 산수유기로 표현하는 전통이 정립되었다. 그리고 유람하며 보고 겪은 것을 화폭에 담았는데, 이것을 '기행사경도紀行寫景圖'라 칭한다. 산수유기 창작과 기행사경도 제작은 조선 선비들 유람 문화의 한 단면이었다.

조선의 주요 유람 계층은 선비들이었으므로 산수유기의 작자도 대부분 선비들이다. 중인계층과 부녀자들이 남겨 놓은 산수유기도 있지만, 선비들의 것에 비해 극히 드물다. 선비들은 유람의 내용을 기록으로 남겨 와유의 도구로 삼기도 했지만, 후대 누군가의 유람 지침서가 되길 희망하였다. 앞사람이 기록으로 남기지 않았으면 새로이 기록하고, 앞사람의 것이 미진하면 보충하는 것이 관행이었다.

선비들이 산수유기를 작성하게 되는 직접적인 이유는 이들의 산수유기 기록에서 살필 수 있다. 유람객 대부분은 자신의 유람 기록 말미에 그 이유를 밝히고 있다. 이황이 1549년 풍기 군수로 부임하여 소백산을 유람하고 지은 「유소백산록遊小白山錄」에, 유람을 기록으로 남기는 이유를 비교적 소상히 밝히고 있다. 유람을 기록으로 남기는 것은 후대 유람객에게 큰 도움이 되고, 다른 사람이 기록을 남겼다 하더라도 각자의 느낀 바가 다르므로 그 감흥을 다시 기록해야 한다는 것이다. 이황은 소백산 유람에 나서기 전, 먼저 주세붕의 소백산 유람 기록을 구해 읽고 감흥을 얻었고, 소백산 유람에 참고하였다. 그러면서 주세붕 이후 여러 선비가 소백산을 유람했지만, 기록을 남기지 않은 것을 비판했다. 빼어난 산의 명성을 알리고 참다운 감상을 위해서는 반드시 유람 기록을 남겨야 함을 피력했다. 후대에 이황

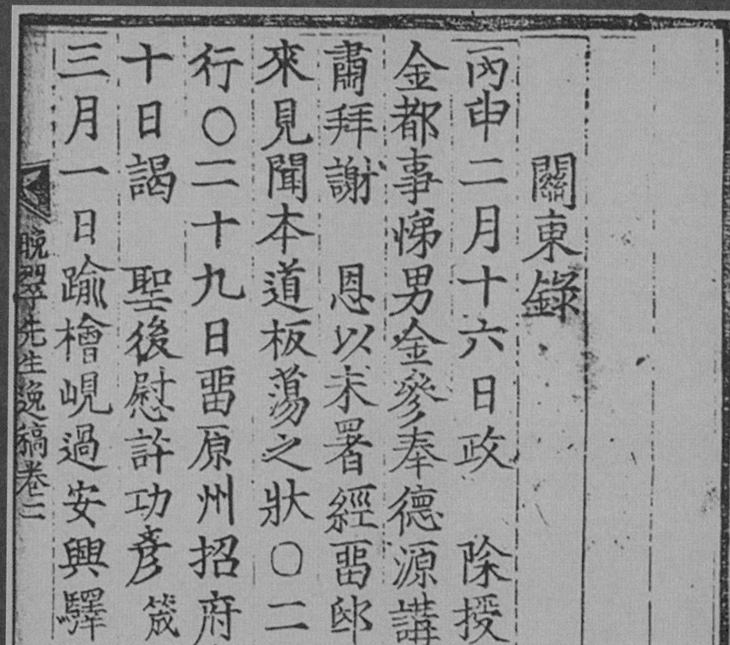

關東錄

兩申二月十六日政　除授江原道都事夜與

金都事悌男金參奉德源講同姓會○十七日

肅拜謝　恩以未署經畱邸○十八日前都事

來見聞本道板蕩之狀○二十五日陛辭發

行○二十九日畱原州招府吏問屯田事○三

十日謁　聖後慰許功彦筬

三月一日踰檜峴過安興驛俚見蓬蒿沒墟到

그림 69 김개국{金蓋國}(1548-1603), 「관동록」 한국국학진흥원

자신의 글을 보는 사람의 감흥이, 자신이 주세붕의 유람 기록을 읽고 느낀 감흥과 같기를 바라고 있다.

유람한 선비들은 이황과 같이 자신의 유람 기록을 후대 사람이 읽을 것을 염두에 두었다. 양대박은 1572년 금강산을 유람하고 「금강산기행록」을 남겼다. 이를 기록한 것은 금강산이 한양에서 멀리 떨어져 사람들이 자주 가지 못하므로, 뜻이 있으면서도 유람하지 못한 자를 깨우쳐 주기 위해서였다. 자신의 금강산 유람 여정과 감상을 기록으로 남겨 후대 사람에게 보이고자 하는 뜻을 분명히 밝히고 있다. 후에 자신의 유람 기록을 읽을 독자들을 염두에 두고 글을 쓴 것이다.

당시 선대의 유람 기록은 유람에 대한 사전정보 습득에 매우 유용한 지침서 구실을 하였다. 그러므로 선비들은 유람에 나서기 전, 선대의 기록을 통해 유람 정보를 습득하고, 자신 또한 유람을 기록으로 남겨 후대 사람이 길잡이로 삼을 수 있도록 했다. 특히 유람 장소로 가장 흥행을 이끌었던 금강산과 관동팔경에 대해서는 자주 애독되던 선대의 유람 기록들이 있었다. 고려시대 이곡의 기록과 조선시대 이원李黿(?-1504)·성제원成悌元(1506-1559)·홍인우·양대박의 기록 등이 베스트셀러였다. 양대박은 금강산 유람 전 이곡의 「동유기」를 사전에 읽어 참고했고, 관동을 유람한 윤휴는 이원의 「유금강록遊金剛錄」을 읽고 유람에 나선다.

유가적 소양을 가진 선비들의 유람은 학문수양의 목적으로 행해진 경우가 많았으므로, 유람 후 자신의 학문을 성찰하고 반성하는 자료로 삼기 위해 유람 기록을 남기기도 했다. 공자가 태산에 대해, 주자가 남악에 대해 학문의 깊이를 발휘한 이유를 유람을 통해 깨달았다는 것이다. 공자와 주자에 비하면 유람에서 깨달은 바는 미미하지만, 유람의 전말을 기록하여 보관하고, 깨달은 바를 힘쓰고자 했다. 또 벗들과의 유람에서 수많은 시를 짓기도 하는데, 시에 대해 더불어 토론하고 연구하지 못한 반성으로 유람 기록을 남기고, 스스로 책망하고자 하는 자료로 삼기도 한다.

지금껏 살핀 많은 이유 외에 조선 선비들이 유람 기록을 남긴 가장 큰 이유는 그것을 곁에 두어 와유의 자료로 삼기 위함이었다. 훗날 자신이 다시 보며 와유로 즐길 것에 대비하고, 다른 사람들의 와유를 위해 남겨 두고자 했다. 당시는 교통편이 좋지 않아 유람이 쉽지 않았다. 원거리 유람의 경우 한 번 하고 나면 언제 다시 할 수 있을지 기약이 없었다. 그러므로 염원했던 유람을 이루면 그 기억을 잊지 않고 간직하기 위해 기록으로 남겨 두고자 했다. 와유를 위해 기록해 두었다가 시간이 없거나 노년에 거동이 불편할 때 다시 꺼내 보며 유람 때의 감흥을 오래도록 느껴 보고자 한 것이다.

이산해가 평해에 유배되었을 때 선암사仙巖寺를 유람한 적이 있는데, 훗날 늙고 병들어 세속에 묻혀 살다 보면 다시 와서 유람하기 쉽지 않을 듯하고, 오랜 시간이 지나면 기억에 잊힐까 염려하여 이때의 유람을 기록으로 남겼다. 성제원은 1531년 금강산을 유람하면서 평생 품었던 장대한 뜻을 온전히 이루지 못한 것에 아쉬워하며, 유람의 내용을 기록으로 남겨 훗날 감흥을 일으키는 자료로 삼았다. 신익성도 자신이 관동을 유람한 자취가 없어질까 하여 유람을 기록으로 남겨 훗날 와유의 자료로 삼는다.

선비들은 자신이 직접 유람을 가지 못하면 유람을 떠나는 이에게 산수의 풍광과 여정을 기록해 줄 것을 부탁한다. 윤증은 손자가 장차 유람하려고 하자 편지를 보내, 와유의 자료로 삼을 수 있도록 날마다 유람 내용을 기록해 놓았다가 가져다줄 것을 주문했다. 이덕무도 박제가가 장차 관동유람을 떠나려 하자 경치와 유적을 잘 기록하여 자신으로 하여 와유할 수 있게 해 달라고 부탁했다. 다른 이의 유람 기록을 통해 산수에서 노니는 흥취를 대리 만족하고자 했다. 여러 사정으로 유람하지 못할 때는 자신이 남겨 놓은 기록이나 다른 이의 유람 기록을 읽는 것으로 대신하고자 한 것이다.

조선 선비들은 산수에 대한 애착이 강했으므로 산수 유람 기록은 문예 취향의 독서물로 애용되었다. 역시 와유를 즐기기 위함이었다. 한 자리에서 여러 산수를 한꺼번에 즐기기 위해 선대의 산수 유람 기록을 선별하여 『와유록臥遊錄』을 편찬하기도

하고, 자신의 유람 기록을 모아 책으로 만들어 보기도 하였다. 현전하지는 않지만, 조선의 산수를 대상으로 한 최초의 『와유록』은 1664년 김수증이 편찬한 것으로 알려져 있다. 이후로도 선비들의 문집류에 『와유록』에 대한 기록이 간간이 나타난다. 김창협은 1671년 금강산을 유람할 때 『와유록』을 지참하였고, 1662년 금강산을 유람한 윤증도 『와유록』을 보았다. 박세당은 지인인 회은^{晦隱} 남학명^{南鶴鳴}(1654-1722)이 편찬한 『와유록』에 서문을 써 주면서 "이 『와유록』을 읽고, 노쇠하여 유람하지 못한 숙원을 풀었다"고 하였다. 여기에 더하여 극재^{克齋} 신익황^{申益愰}(1672-1722)은 『동국승경와유록^{東國勝境臥遊錄}』을 엮었고, 잠옹^{潛翁} 남하행^{南夏行}(1697-1781)은 평소 산수 유람을 좋아했으나 산천을 두루 다닐 수 없어 선배들의 유람 기록을 모아 『와유록』을 만들어 읽었다고 하였다. 현전하는 조선시대 대표적인 『와유록』은 서울대학교 규장각 소장본 『와유록』과 한국학중앙연구원 장서각 소장본 『와유록』, 동국대학교 소장본 『와유록』이 있다. 이 『와유록』 속에는 관동산수의 유람 기록이 가장 많다.

담허재^{澹虛齋} 김지백^{金之白}(1623-1671)은 수많은 사람이 자신보다 먼저 지리산을 유람하며 유람록을 지었고, 세상에 유행한 것이 참으로 많다고 했다. 지리산만을 대상으로 하더라도 17세기에는 많은 유람 기록이 출현하면서 사람들이 애독하였다. 1748년 지리산을 유람한 명암冥菴 이주대李柱大(1689-1755)도 산을 유람하고 기록을 남기는 것은 오래전부터 있어 온 일이라 하고, 이 같은 일은 훗날 와유의 도구로 삼거나 유람하지 못하는 이들에게 남기려 한 것이라 하였다. 조선 선비들은 유람 내용을 기록하여 후대에 전하는 것을 관행시 하고 있었음을 알 수 있다. 그러므로 현재 국내 산수를 대상으로 한 조선 선비들의 유람 기록은 방대하게 남아 있다. 필자가 조사한 바에 의하면 약 1,400여 편에 달하는데, 유람 장소로 유명했던 주요 산들로만 놓고 보면 금강산이 140여 편으로, 수적이나 내용의 분량상으로 단연 가장 많은 양을 차지한다.

선대의 유람 기록은 그 소재가 되는 유람 장소가 더욱 홍보되는 계기가 되었고, 유람의 관심 또한 촉진시켰다. 사숙재私淑齋 강희맹姜希孟(1424-1483)은 이곡의 「동유기」와 안축의 『관동와주』를 보고, 예나 지금의 시인묵객이 반드시 가서 유람하고자 하는 관동을 직접 유람하기를 열망하였다. 양대박도 금강산을 유람하기 전 이곡의 「동유기」를 보고, 금강산에 오르는 것을 평생의 소원으로 간직했다.

선비들은 유람의 여정을 글로 기록하는 것에 더하여 유람 중 현장에서 마주한 경치를 본인이 직접 그리거나 대동한 화가를 통해 그리게 하였다. 또는 화가들이 그림을 그리기 위해 직접 유람에 나서기도 한다. 이러한 그림을 기행사경도라 하는데, 그림의 소재가 유람 장소의 산수를 대상으로 한다는 점에서 기존의 실경산수화實景山水畵·진경산수화眞景山水畵와 대동소이하다. 실경산수화나 진경산수화는 그림의 소재를 접하는 장소에서 직접 그리기도 하고, 자신이 봤던 산수를 회상하며 그리기도 한다. 조선을 대표하는 화가인 정선을 필두로 유행하였던 진경산수화는 단순히 경치의 외형묘사에 그친 것이 아니라 회화적 재구성을 통하여 경관에서 풍기는 가흥과 정취까지 화폭에 표현하고자 한 특색이 있다. 이러한 정선의 화풍은 조선 화가들이 추구하고자 했던, 형상의 사실에 기초하면서 정신까지 표출하는 전신사조傳神寫照의 영향이 반영된 것이다. 이 화론畵論은 중국 인물화의 최고로 불리는 동진東晋 고개지顧愷之의 초상화 이론을 바탕으로 한 것인데, 조선 화가들은 초상화뿐만 아니라 모든 그림에 반영하고자 했다. 이러한 점에서 기행사경도는 현장감 있는 기록성이 더 강조된다는 일면을 지닌다고 볼 수 있다.

종래 중국의 그림을 베껴 그리는 관념 산수에서 벗어나 조선에 실재하는 산수를 소재로 한 진경산수의 전통이 정선에 의해 구체적으로 발전되었음은 널리 알려진 사실이다. 정선이 활동하던 시기 이전에도 국내의 실경을 대상으로 한 기행사경도류의 제작이 있었다. 고려의 화원 이녕李寧이 「예성강도禮成江圖」

를 그린 것이나, 「송도팔경도松都八景圖」를 그린 것이 고려시대부터 국내의 실경을 소재로 한 그림이 그려졌다는 것을 입증해 준다. 국내의 여러 실경 중 금강산을 대상으로 한 그림은 고려시대부터 그려지기 시작했다. 양촌陽村 권근權近(1352-1409)이 "내가 어릴 적, 일찍이 들건대 천하에 구경하러 오기 원하지 않는 사람이 없으나 보지 못함을 한탄하여 그림을 걸어 놓고 예찬하는 사람까지 있었다 하니 금강산을 향하여 그리워함이 이와 같다"라고 한 것을 보면, 고려 말에도 금강산 그림이 그려지고 있음을 알 수 있다. 그도 그럴 것이 금강산은 고려시대부터 국외에까지 그 명성이 알려졌고, 유람을 소망하는 사람이 많았기 때문이다. 금강산 유람의 염원을 그림으로 대신하고자 한 것이었다.

조선시대에는 명나라 사신들이 오면 금강산 유람을 직접 가거나 혹은 가기를 원했고, 때로는 〈금강산도〉를 요구하기도 하였다. 1431년 명나라 사신 창성昌盛이 세종에게 금강산 그림을 요구하자 내려 주었고, 1455년에는 사신 정통鄭通이 금강산 그림을 요청하여 단종端宗이 화공을 시켜 그려 오게 하였다. 세조는 1468년 화원 배련裵連을 금강산에 보내 그 형상을 그려서 오도록 했고, 예종睿宗은 1469년 명나라 사신 최안崔安·정동鄭同에게 〈금강내산도〉를 각기 한 폭씩 내려 주었다. 명나라 사신들이 요구한 〈금강산도〉가 비록 공리적 목적으로 그려졌다고는 하나, 당시의 화원들이 금강산을 직접 방문하여 그림을 그리고 있어 어느 정도 기행사경의 형식을 갖춘 그림이라고 할 수 있다.

　이 밖에도 조선의 선비들이 그림에 남긴 제화시題畵詩들이 상당수 남아 있다. 삼탄三灘 이승소李承召(1422-1484)는 「박연폭포도」, 사재思齋 김정국金正國(1485-1541)은 「신륵강산도神勒江山圖」, 이황은 「유경포대도遊鏡浦臺圖」에 제화시를 남겼다. 낙파駱坡 이경윤李慶胤(1545-?)은 금강산을 유람하고, 「제학림수유금강축題鶴林守遊金剛軸」을 남겼는데, 양송당養松堂 김제金禔(1524-1593)가 산형을 그리고 이산해와 노수신이 시를 지었다. 김제는 1537년 부친인 희락당希樂堂 김안로金安老(1481-1537)가 권력을 남용하다 죽음을 맞이하자 과거와 벼슬길이 막혀 독서와 서화로 일생을 보낸 인물인데, 그 시기 명성이 높던 화가이기도 했다. 김제가 그린 〈유금강축〉은 현전하지 않지만, 화원뿐만 아니라 문인화가에 의해서도 기행사경도가 그려지고 있음을 알 수 있다. 그리고 1557년 강원도관찰사 정암正菴 박민헌朴民獻(1516-1586)이 강릉을 유람하다가 기묘사화 때의 명현이었던 강호江湖 박공달朴公達(1470-1552)이 기거하던 쌍한정雙閒亭의 풍광을 화가를 시켜 그려가기도 한다.

　정선을 필두로 하여 진경산수화가 발달하는 조선 후기 이전에도 국내의 실경을 대상으로 한 기행사경도류의 그림 제작은 꾸준히 있었으나, 기행사경도 제작이 급증하는 시기는 17세기 이후부터이다. 유람의 붐이 조성되면서 산수유기의 작성은 물론, 기행사경도 제작이 함께 급증하기 시작한다. 그 가장 큰 이유 중 하나가 바로 유람이다.

정선·김홍도 등의 전문 화가들은 진경을 그리기 위한 목적으로 유람하기도 했지만, 그림 기술이 없는 선비들은 유람에 화공을 대동하여 그림을 그려 왔다. 1603년 금강산을 유람한 이정귀는 표응현表應賢이라는 화공을 대동하여 자신이 유람한 금강산을 화폭에 담았다. 1603년 흡곡현령 시절 금강산을 유람했던 한호도, 유람을 기념하기 위해서 화공을 시켜 병풍을 제작하였다. 이 사실은 최립의 『간이집簡易集』에 실려 있는 「관동승상록발關東勝賞錄跋」에 기록되어 있다. 한호는 간성군수로 재직하고 있던 최립과 함께 금강산을 유람하였다. 여기서 최립은 몸소 체험하는 유람을 '쾌快'(즐거움)라 하고, 이를 그림으로 소장하여 간편하게 산수를 늘 가까이 두고 즐기는 것을 '요要'(요긴하다)라 설명했다. 최립은 한호가 '쾌'와 '요'를 겸비한 인사라고 칭찬한 것이다. 이는 선비들이 산수의 직접 체험인 유람과 간접 체험인 와유를 함께 중요시하고 있음을 알 수 있는 대목이다. 최립은 한호가 금강산을 직접 유람한 후 기행사경도로 남겨 소장하고, 훗날 와유의 자료로 삼음으로써 직간접적인 체험 모두를

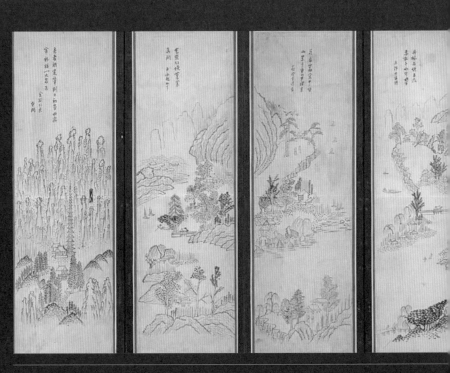

그림 71 작자 미상, 〈관동팔경팔폭병풍〉, 국립민속박물관

즐길 줄 앎을 칭찬하고 있다. 이정귀·한호와 같은 선비들은 화공을 대동하여 기행사경도를 그렸지만, 창강滄江 조속趙涑(1595-1668)과 같은 문인화가는 오대산·금강산·삼일포를 유람하며 자신이 직접 그림을 그렸다.

17세기에는 조선에서 유행한 소상팔경 시화詩畵로 인해 국내의 팔경도가 본격적으로 그려졌다. 이식은 화가 이신흠李信欽에게 현 양평군의 동계東溪팔경 병풍을 그려 달라고 청하였고, 백아곡白鴉谷 경치가 아름다워 8곳을 골라 팔경도를 만들어 감상하였다. 약천藥泉 남구만南九萬(1629-1711)은 1674년 함경도의 〈북관십경도北關十景圖〉와 〈함흥십경도咸興十景圖〉에 서문을 남기고 있다. 팔경이 시문학에서 주로 다루어져 오다가 기행사경도식 팔경도가 제작되었고, 관동팔경이 그림의 소재로 가장 많이 애용되었다.

기행사경도 제작이 점점 늘어나는 것은 산수를 감상하고 즐기는 방식에 그림 활용이 증가했기 때문이다. 그림은 선비들에게 애호되는 감상품이었고, 산수화는 와유를 가장 손쉽게 즐길 수 있어 산수유기와 함께 선비들이 선호하는 와유의 수단이었다. 조선 전기의 선비들이 주로 와유를 즐겼던 그림은 중국의 〈소상팔경도〉나 〈서호도西湖圖〉 등이었다. 선비들은 중국의 산수에 폭넓은 관심을 보였고, 중국을 가 보지 못하는 대신 그 경치를 베껴 그린 산수화를 보고 와유를 즐겼다. 그러나 중국의 산수화를 즐기는 것은 어디까지나 중국 산수의 관심과 동경이었고, 조선의 경치에 대한 흥취를 대신하지는 못했다. 그러므로 조선의 풍광을 와유하고자 할 때는 조선을 소재로 그린 그림으로 즐겼다. 이러한 현상은 종래 선비들이 관념 산수화를 와유의 도구로 사용하다가 기행사경도를 제작해 와유의 자료로 삼고자 하는 풍조를 만들어 냈다. 유람의 확산에 따른 와유 체험이 유행하고, 이에 대한 도구로 기행사경도의 제작도 활발히 이루어지게 된 것이다. 글로만 유람 기록을 남기던 방식에 그림이 더해지면서 18세기부터 기행사경이 본격적으로 유행한다.

중국에서는 명나라 때 산수 유람의 유행과 동시에 기행사경도의 제작이 증가하고, 유람의 욕구를 대체하는 와유물이 부각되었다. 특히 명나라 때 소주蘇州에서 활동한 문인화가 집단인 오파吳派의 심주沈周와 문징명文徵明에 의한 소주의 기행사경도 제작은 중국 실경산수화의 발전에 영향을 주었고, 문인 산수화의 새로운 영역으로 정착되었다. 기행사경도는 중국 명·청대 화단에 큰 반향을 불러일으켰다. 조선에서도 명나라의 그림 풍조에 관심을 보였고, 명나라의 이러한 화풍은 18세기 조선의 기행사경도 제작의 확산에도 영향을 주었다. 또 선비들의 기유문에 취미 현상도 기행사경도 제작 증가에 영향을 주었다. 특히 정선의 관동지방 기행사경은 후대 화가들의 기행사경을 촉진시킨다. 정선은 1711·1712·1747년 3회에 걸쳐 금강산과 관동지역을 유람하며 사경하였다. 1711년《신묘년풍악도첩》과 1747년의 『해악전신첩』이 현존하는데, 이 그림은 18세기 기행사경도의 대표적인 작품 유형으로 자리 잡았다.

정선의 지기인 이병연은 정선의 「달성원조도達成遠眺圖」 발문에 "시인의 사경寫景과 화가의 사경이 유사하다"라고 하여 시와 그림이 사물을 묘사하는 의미가 비슷하다는 것을 피력하였다. 글로 남기던 유람의 가흥과 정취가 그림으로 함께 표현되고 있음을 말하고 있다. 이병연은 정선과 함께 김창흡의 문하에서 수학한 절친한 친구 사이였다. 이병연은 당시 시로써 금강산을 표현해 낸 대표적인 선비로 칭송받았고, 정선은 그림으로 표현해 낸 최고의 화가로 인정받았다. 두 인물은 당시 조선의 경치를 시와 그림으로 가장 잘 표현해 낸 각 분야의 대가들이었다.

欲從何處問源頭
어디에서 이곳 물의 근원을 물을 수 있으랴
深淺相通上下求
깊고 얕은 물 서로 통하며 위에서 아래로 흐르네
攇攇側峯爭隙地

삐죽삐죽 기울어진 봉우리는 빈 땅을 다투고

蒼蒼橫嶺界高秋

푸르게 빗긴 산둥성이 가을 하늘에 닿았네

洞開洞裏不窮路

골짜기가 골짜기 속으로 열려 끝을 알 수 없고

潭落潭中無靜流

못물이 못 가운데로 떨어져 고요히 흐를 일 없구나

薄暮如聞雲外磬

해 질 무렵 구름 밖에서 옥 악기 소리 들리는 듯

中林漠漠忽生愁

숲속이 아득하여 홀연히 시름이 이는구나

— 이병연, 『사천시초楂川詩抄』 권상, 시 「만폭동萬瀑洞」

정선의 그림은 최고 문인들의 시문과 나란히 비견될 만한 가치를 인정받았다. 정선은 선비들에게 가장 인기 높은 화가였다. 금강산 화첩을 여러 차례 그린 것은 선비들의 요구에 부응한 것이기도 했다. 1712년 지기인 이병연과 함께 금강산을 유람했고, 금강산 곳곳의 명소를 담아낸 산수화를 그려 화첩으로 만들었다. 이 화첩에 이병연의 제화시와 스승 김창흡의 제화시를 부쳤다. 정선의 화첩은 유람을 즐긴 선비들이 훗날 와유를

그림 72　정선, 〈금강전도〉, 1734년, 삼성리움미술관

그림 73 정선, 《신묘년풍악
도첩》중 〈금강내산총도〉,
1711년, 국립중앙박물관

즐기기 위해 그려졌다. 창하蒼霞 원경하元景夏(1698-1761)는 정선
의 그림을 보고 "김창흡의 시와 정선의 그림을 얻어 명산을 와
유하니, 진실로 고인이 부럽지 않다"고 하면서 와유의 흥취를
즐기고 있다.

　이병연은 시나 그림이 사경을 표현하는 작품으로 유사하다
보고 있지만, 실경을 보지 못한 사람이 글을 읽었을 때는 풍광
을 상상하는 것에 그치므로 현장의 실감을 표현하기에는 한계
가 있다. 그러나 기행사경도는 산수유기가 표현하지 못하는 시

각적인 효과를 화면에 담아냄으로써 산수유기와 함께 와유 체험의 도구로 수요가 증가하게 된 것이다. 기행사경도를 많이 그렸던 강세황은 본인이 금강산을 유람하고 작성한 「유금강산기」에서, 산수유기도 사경의 좋은 문예물이지만, 회화가 사물의 실제 모습을 만분지일이라도 잘 표현할 수 있어 후일 와유를 위한 자료로 적합하다고 역설했다. 그리고 금강산이 생긴 이래 제대로 그려낸 사람이 없었는데, 김홍도가 기행사경한 금강산 그림을 보고, 수려하고 섬세한 것이 교묘한 모양을 다하여 우리나라에 전에 없던 신필이라며 극찬을 아끼지 않았다.

관동의 경치는 정선을 필두로 심사정沈師正(1707-1769)·허필許佖(1709-1768)·이인상李麟祥(1710-1760)·김윤겸金允謙(1711-1775)·강세황·김응환·정수영鄭遂榮(1743-1831)·김홍도·이인문李寅文(1745-1824)·이방운李昉運(1761-1815)·조정규趙廷奎(1791-?)·김하종金夏鍾(1793-1875)·엄치욱嚴致郁(18세기 후반-19세기 전반) 등 17-19세기를 대표하는 화가들이 화폭에 담아 갔다. 강세황은 정선과 심사정의 그림을 평하면서, 정선은 평소에 익힌 필법을 가지고 마음대로 휘둘렀기 때문에 돌 모양과 봉우리 형태를 막론하고 열마준법裂麻皴法(삼베가 세로로 찢어진 생김의 필법)으로 일관하여 난사亂寫하였으므로 진경을 그렸다고 논하기는 부족함이 있다고 비판하였다. 그리고 좀 더 사실적인 김홍도의 금강산 그림을 높이 평가하였다. 김홍도는 정선에게 부족했던 현장의 사실성을 보완하여 기행사경도의 자기 양식을 완성하였다는 것이다.

　김홍도는 1788년 정조의 명에 의해서 금강산을 비롯한 관동 지역을 기행사경하였다. 도화서 화원 김응환이 함께하였다. 서화가 조희룡趙熙龍(1789-1866)의 『호산외사壺山外史』에 의하면, 정조는 이때 관동 각 고을에 명을 하달하여 기행사경을 떠나는 김

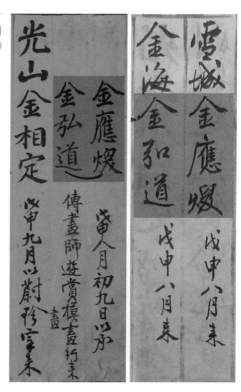

그림 74 김홍도·김응환의 해운정과 오죽헌 방문기록(좌: 『해운정역방록』 우: 『심헌록』)

홍도 일행을 각별하게 대접하라고 지시하였다고 한다. 정조는 김홍도의 그림을 통해 자신이 직접 가 보지 못한 금강산을 비롯한 관동지역의 명승을 와유로 즐기고자 한 것이다. 김홍도와 김응환이 강릉의 경포대를 사경 할 때 이이가 출생한 오죽헌과 강릉 출신 문신인 어촌漁村 심언광沈彦光(1487-1540)이 경포호변에 건립한 해운정海雲亭을 방문하고, 이곳 방명록인 오죽헌『심헌록尋軒錄』과『해운정역방록海雲亭歷訪錄』에 각각 이름을 남긴 것이 지금도 전하고 있다.

관동의 경치는 유람 온 선비들도 그려 가길 원했고, 유람하지 못한 이들은 그림을 구해 보고자 하였다. 특히 정선과 김홍도가 관동을 유람하며 기행사경을 한 후, 관동지역은 사경 장소로 크게 유명해져서 전국의 화원이 관동으로 오게 되었다. 현존하는 기행사경도 중 관동을 소재로 한 그림이 가장 많이 남아 있는 것도 이러한 이유에서다. 신선의 세계로 불릴 만큼 정평이 나 있던 관동의 경치가 신필神筆의 경지를 지닌 두 화원의 붓끝으로 묘사되자 감상하는 이로 하여금 감탄을 자아내기에 부족함이 없었다. 훌륭한 소재와 명인의 기예가 만나 사람들의 혜안을 자극하는 회화작품이 탄생하였고, 당시 사람들은 이 그림에 열광했다. 김홍도의 금강산 그림을 모사한 임모본臨摹本이 유행했고, 대형병풍에 정선의 금강산도가 과장하여 그려지기도 했다.

그림 75 전 김홍도필, 《해동명산도첩》 중 〈와선대〉, 조선 후기, 국립중앙박물관

그림 76 전 김홍도필, 《해동명산도첩》 중 〈해금강〉, 조선 후기, 국립중앙박물관

그림 77 작자미상, 〈금강산도십폭병풍〉, 조선 후기, 국립중앙박물관

그림 78 김하종, 《해산도첩》 중 〈가섭동〉, 1815년, 국립중앙박물관

그림 79 엄치욱, 〈구룡폭〉, 조선 후기, 국립중앙박물관

19세기에 접어들면, 유람하는 선비들이 직업 화가를 대동하고 기행사경도를 주문하는 사례가 더욱 빈번해진다. 이 시기 직업 화가로 동참한 인물들은 조정규·엄치욱·이재관李在寬(1783-1837)·이인문·김하종·이방운 등이었다. 이들은 선비들의 유람에 동참하여 기행사경도를 주문받아 그렸다. 이광문李光文(1778-1838)·이유원·이풍익李豊瀷(1804-1887)·안숙安叔 등과 같은 문인들은 유람에 나서면서 직업 화가들을 대동해 기행사경도를 제작하였다. 19세기 유람수요에 부응하여 기행사경도 제작이 더욱 활성화된 것이다. 기행사경도는 19세기 후반에 이르러 민화의 유행에 따라 특정 계층이 누리던 고급화된 그림에서 탈피하여 서민들의 수요에 부응하기 위한 민화풍의 다양한 표현으로 그려졌다. 조선 후기 기행사경도는 회화의 한 장르로 크게 진작되었고, 기행사경을 유행시킨 산수의 중심에는 관동지역의 수려한 경관이 있었다.